PETIT
ALMANACH MOSELLAN
1876

FRANÇAIS ET PATOIS LORRAIN

PAR

CHAN HEURLIN

Petit poisson deviendra grand,
Pourvu que Dieu lui prête vie.

STRASBOURG

TYPOGRAPHIE DE G. FISCHBACH

1876

Amis lecteurs intelligents,
L'almanach qui prédit le temps
Ment comme un arracheur de dents.
Si point trompés ne voulez être,
Consultez votre baromètre.

ÉCLIPSES.

Le 9 Mars, éclipse partielle de lune en partie visible à Paris.
Le 25 Mars, éclipse annulaire de soleil invisible à Paris.
Le 3 Septembre, éclipse partielle de lune.
Le 17 Septembre, éclipse totale de soleil invisible à Paris.

FÊTES MOBILES.

SEPTUAGÉSIME, 13 Février.
CENDRES, 1er Mars.
PAQUES, 16 Avril.
ROGATIONS, 22, 23 et 24 Mai.
ASCENSION, 25 Mai.

PENTECÔTE, 4 Juin.
TRINITÉ, 11 Juin.
FÊTE-DIEU, 15 Juin.
1er Dimanche de l'AVENT, 3 Décembre.

La Lune Rousse commencera le 24 Avril et finira le 23 Mai.

QUATRE-TEMPS.

MARS, 8, 10 et 11.
JUIN, 7, 9 et 10.

SEPTEMBRE, 20, 22 et 23.
DÉCEMBRE, 20, 22 et 23.

LES QUATRE SAISONS.

Le printemps commence le 20 Mars.
L'été commence le 21 Juin.
L'automne commence le 23 Septembre.
L'hiver commence le 22 Décembre.

Trente jours au mois de Septembre,
En Avril, en Juin, en Novembre ;
De vingt-huit il n'y en a qu'un ;
Les autres sont de trente et un.

JANVIER.	FÉVRIER.	MARS.
Les jours croissent de 21 m. le matin et de 42 m. le soir.	Les jours croissent de 46 m. le matin et de 45 m. le soir.	Les jours croissent de 1 h. 2 m. le matin et de 46 m. le soir.

JANVIER	FÉVRIER	MARS
PQ le 4 à 3 h. 33 m. soir.	PQ le 3 à 2 h. 2 m. mat.	PQ le 3 à 9 h. 57 m. mat.
PL le 11 à 6 h. 32 m. mat.	PL le 9 à 5 h. 56 m. soir.	PL le 10 à 6 h. 21 m. mat.
DQ le 18 à 8 h. 59 m. mat.	DQ le 17 à 5 h. 5 m. mat.	DQ le 18 à 1 h. 34 m. mat.
NL le 26 à 1 h. 51 m. soir.	NL le 25 à 6 h. 30 m. mat.	NL le 25 à 8 h. 21 m. soir.

#	JANVIER	#	FÉVRIER	#	MARS
1 S	Circoncision.	1 M	S. Ignace.	1 M	Les Cendres.
2 D	S. Basile.	2 M	Purification.	2 J	S. Simplice.
3 L	Ste Geneviève.	3 J	S. Blaise.	3 V	Ste Camille.
4 M	Ste Faustine.	4 V	S. Isidore.	4 S	Ste Alice.
5 M	S. Siméon.	5 S	Ste Agathe.	5 D	S. Dransin.
6 J	Epiphanie.	6 D	Ste Dorothée.	6 L	Ste Colette.
7 V	S. Théodore.	7 L	S. Romuald.	7 M	Ste Perpétue.
8 S	S. Lucien.	8 M	Ste Hyacinthe.	8 M	Quatre-Temps.
9 D	S. Julien.	9 M	Ste Apolline.	9 J	Ste Françoise.
10 L	S. Marcien.	10 J	Ste Scolastique.	10 V	Quatre-Temps.
11 M	S. Palémon.	11 V	S. Séverin.	11 S	Quatre-Temps.
12 M	Ste Césarie.	12 S	Ste Eulalie.	12 D	S. Grégoire.
13 J	Baptême de N-S-J-C.	13 D	Septuagésime.	13 L	Ste Séraphine.
14 V	S. Hilaire.	14 L	S. Valentin.	14 M	Ste Mathilde.
15 S	S. Paul.	15 M	S. Faustin.	15 M	S. Zacharie.
16 D	S. Marcel.	16 M	Ste Julienne.	16 J	Ste Viteberge.
17 L	S. Antoine.	17 J	Ste Constance.	17 V	Ste Gertrude.
18 M	Ch. de s. Pierre.	18 V	Les 5 plaies.	18 S	S. Gabriel.
19 M	S. Omer.	19 S	S. Bessarion.	19 D	S. Joseph.
20 J	S. Sébastien.	20 D	Ste Pauline.	20 L	S. Joachim.
21 V	Ste Agnès.	21 L	S. Gundelbert.	21 M	Ste Clémence.
22 S	S. Vincent.	22 M	Ste Isabelle.	22 M	S. Octavien.
23 D	S. Alphonse.	23 M	S. Merault.	23 J	S. Victorien.
24 L	S. Timothée.	24 J	S. Mathias.	24 V	S. Siméon.
25 M	Conv. de s. Paul.	25 V	S. Alexandre.	25 S	Ste Cather. de Suède.
26 M	Ste Paule.	26 S	S. Porphyre.	26 D	S. Théodore.
27 J	S. Jean Chrysostôme	27 D	Ste Honorine.	27 L	S. Rupert.
28 V	S. Cyrille.	28 L	Ste Aveline.	28 M	S. Humbert.
29 S	S. François de S.	29 M	Mardi-gras.	29 M	S. Eustase.
30 D	Ste Bathilde.			30 J	Ste Félicie.
31 L	Ste Marcelle.			31 V	S. Benjamin.

SOLEIL.

	LEVER.	COUCHER.		LEVER.	COUCHER.		LEVER.	COUCHER.
	1er 7 h. 56 m.	1er 4 h. 11 m.		1er 7 h. 53 m.	1er 4 h. 55 m.		1er 6 h. 43 m.	1er 5 h. 42 m.
	31 7 h. 35 m.	31 4 h. 53 m.		29 6 h. 45 m.	29 5 h. 41 m.		31 5 h. 41 m.	31 6 h. 28 m.

<table>
<tr><th>AVRIL.</th><th>MAI.</th><th>JUIN.</th></tr>
<tr>
<td>Les jours croissent de 57 m. le matin et de 45 m. le soir.</td>
<td>Les jours croissent de 38 m. le matin et 39 m. le soir.</td>
<td>Les jours croissent de 5 m. le matin et de 13 m. le soir.</td>
</tr>
<tr>
<td>PQ le 1er à 4 h. 21 m. soir.
PL le 8 à 7 h. 48 m. soir.
DQ le 16 à 8 h. 47 m. soir.
NL le 24 à 7 h. 13 m. mat.
PQ le 30 à 10 h. 36 m. soir.</td>
<td>PL le 8 à 10 h. 2 m. mat.
DQ le 16 à 1 h. 36 m. soir.
NL le 23 à 3 h. 34 m. soir.
PQ le 30 à 5 h. 58 m. mat.</td>
<td>PL le 7 à 6 h. 46 m. mat.
DQ le 15 à 3 h. 24 m. mat.
NL le 21 à 10 h. 26 m. soir.
PQ le 28 à 3 h. 23 m. soir.</td>
</tr>
</table>

AVRIL		MAI		JUIN	
1	S	S. Hugues.	1	L	S. Jacques s. Phil.	1	J	Ste Laure.
2	D	S. François de Paule.	2	M	S. Atanase.	2	V	S. Marcellin.
3	L	Ste Irène.	3	M	Invent. Ste-Croix.	3	S	Ste Clotilde.
4	M	S. Isidore.	4	J	S. Valbert.	4	D	**PENTECOTE.**
5	M	Ste Sylvie.	5	V	S. Augustin.	5	L	S. Boniface.
6	J	S. Prudent.	6	S	S. Jean Porte-Lat.	6	M	S. Claude.
7	V	S. Hégésippe.	7	D	S. Domitille.	7	M	*Quatre-Temps.*
8	S	S. Herman.	8	L	S. Stanislas.	8	J	S. Médard.
9	D	LES RAMEAUX.	9	M	Mart. de St-Nicolas.	9	V	*Quatre-Temps.*
10	L	S. Fulbert.	10	M	S. Grégoire.	10	S	*Quatre-Temps.*
11	M	Ste Lidvine.	11	J	S. Gengoult.	11	D	TRINITÉ.
12	M	S. Jules.	12	V	S. Achille.	12	L	S. Onufre.
13	J	S. Justin.	13	S	Ste Glycère.	13	M	S. Ant. de Padoue.
14	V	S. Tiburce.	14	D	Ste Aglaée.	14	M	Ste Euphrasie.
15	S	Ste Hélène.	15	L	S. Hermas.	15	J	FÊTE-DIEU.
16	D	PAQUES.	16	M	S. Honoré.	16	V	S. François Régis.
17	L	S. Anicet.	17	M	S. Pascal.	17	S	S. Marcien.
18	M	S. Apollon.	18	J	S. Eric.	18	D	S. Marc.
19	M	S. Léon.	19	V	S. Célestin.	19	L	S. Gervais.
20	J	Ste Hildegonde.	20	S	S. Bernardin.	20	M	Ste Florentine.
21	V	S. Anselme.	21	D	Ste Estelle.	21	M	S. Louis de Gonz.
22	S	Ste Léonide.	22	L	*Rogations.*	22	J	S. Démétrie.
23	D	S. Georges.	23	M	*Rogations.*	23	V	S. Jacob.
24	L	Ste Beuve.	24	M	*Rogations.*	24	S	S. Jean-Baptiste.
25	M	S. Marc.	25	J	**ASCENSION.**	25	D	S. Prosper.
26	M	S. Clet.	26	V	S. Philippe.	26	L	S. Jean et s. Paul.
27	J	S. Polycarpe.	27	S	S. Jean.	27	M	S. Adelin.
28	V	S. Vital.	28	D	S. Germain.	28	M	Ste Irénée.
29	S	S. Robert.	29	L	S. Maximin.	29	J	S. Pierre et s. Paul.
30	D	Ste Sophie.	30	M	S. Félix.	30	V	S. Lucide.
			31	M	Ste Pétronille.			

SOLEIL.		SOLEIL.		SOLEIL.	
LEVER.	COUCHER.	LEVER.	COUCHER.	LEVER.	COUCHER.
1er 5 h. 39 m.	1er 6 h. 30 m.	1er 4 h. 41 m.	1er 7 h. 14 m.	1er 4 h. 3 m.	1er 7 h. 53 m.
30 4 h. 43 m.	30 7 h. 12 m.	31 4 h. 4 m.	31 7 h. 52 m.	30 4 h. 2 m.	30 8 h. 5 m.

JUILLET.	AOUT.	SEPTEMBRE.
Les jours diminuent de 31 m. le matin et de 26 m. le soir.	Les jours diminuent de 42 m. le matin et de 53 m. le soir.	Les jours diminuent de 42 m. le matin et de 1 h. 1 m. le soir.

	JUILLET		AOUT		SEPTEMBRE
PL	le 6 à 3 h. 47 m. soir.	**PL** le 5 à 6 h. 47 m. mat.		**PL** le 3 à 9 h. 22 m. soir.
DQ	le 14 à 2 h. 5 m. soir.	**DQ** le 12 à 10 h. 8 m. soir.		**DQ** le 11 à 4 h. 30 m. mat.
NL	le 21 à 5 h. 2 m. mat.	**NL** le 19 à 0 h. 35 m. soir.		**NL** le 17 à 10 h. 4 m. soir.
PQ	le 28 à 0 h. 28 m. mat.	**PQ** le 26 à 6 h. 27 m. soir.		**PQ** le 25 à 0 h. 13 m. soir.

JUILLET		AOUT		SEPTEMBRE	
1 S	S. Thiébaut.	1 M	S. Pierre-ès-liens.	1 V	S. Grégoire.
2 D	VISITAT. DE MARIE.	2 M	S. Alphonse.	2 S	S. Adolphe.
3 L	S. Anatole.	3 J	Invent. St-Etienne.	3 D	S. Mansuy.
4 M	Ste Berthe.	4 V	S. Dominique.	4 L	Ste Rosalie.
5 M	Ste Philomèle.	5 S	Ste Hilde.	5 M	S. Laurent-Justin.
6 J	Ste Godolève.	6 D	TRANSFIGURATION.	6 M	S. Cloud.
7 V	S. Fourrier.	7 L	S. Donat.	7 J	Ste Reine.
8 S	S. Auspice.	8 M	S. Cyriaque.	8 V	LA NATIVITÉ.
9 D	Ste Ephrem.	9 M	S. Romain.	9 S	S. Gorgon.
10 L	Ste Félicité.	10 J	S. Laurent.	10 D	Ste Pulchérie.
11 M	S. Benoît.	11 V	Ste Suzanne.	11 L	S. Bodon.
12 M	S. Hidulphe.	12 S	Ste Claire.	12 M	S. Guidon.
13 J	S. Eugène.	13 D	S. Hippolyte.	13 M	S. Aimé.
14 V	S. Bonaventure.	14 L	Ste Anastasie.	14 J	Exalt. de la ste-Croix.
15 S	S. Henry.	15 M	ASSOMPTION.	15 V	S. Epvre.
16 D	Le scapulaire.	16 M	S. Roch.	16 S	S. Cyprien.
17 L	S. Alexis.	17 J	Ste Julienne.	17 D	Ste Euphémie.
18 M	S. Frédéric.	18 V	Ste Agapite.	18 L	Ste Richarde.
19 M	S. Vincent de Paule.	19 S	Ste Hélène.	19 M	Ste Constance.
20 J	Ste Marguerite.	20 D	S. Bernard.	20 M	*Quatre-Temps.*
21 V	S. Victor.	21 L	Ste Jeanne F.	21 J	S. Mathieu.
22 S	Ste Marie Magdel.	22 M	S. Simphorien.	22 V	*Quatre-Temps.*
23 D	Ste Brigitte.	23 M	S. Théonas.	23 S	*Quatre-Temps.*
24 L	Ste Christine.	24 J	S. Barthélemy.	24 D	Ste Salaberge.
25 M	S. Jacques et Christ.	25 V	S. Louis.	25 L	S. Firmin.
26 M	S. Joachim et Anne.	26 S	S. Zéphirin.	26 M	Ste Justine.
27 J	S. Marin.	27 D	S. Césaire.	27 M	S. Côme et s. Damien.
28 V	S. Nizaire.	28 L	S. Augustin.	28 J	S. Alie.
29 S	Ste Béatrix.	29 M	Ste Sabine.	29 V	S. Michel.
30 D	S. Germain.	30 M	S. Fiacre.	30 S	S. Jérôme.
31 L	S. Ignace.	31 J	S. Gauzelin.		

SOLEIL.		SOLEIL.		SOLEIL.	
LEVER.	COUCHER.	LEVER.	COUCHER.	LEVER.	COUCHER.
1er 4 h. 3 m.	1er 8 h. 4 m.	1er 4 h. 35 m.	1er 7 h. 36 m.	1er 5 h. 18 m.	1er 6 h. 40 m.
31 4 h. 34 m.	31 7 h. 38 m.	31 5 h. 17 m.	30 6 h. 42 m.	31 6 h.	30 5 h. 39 m.

OCTOBRE.	NOVEMBRE.	DÉCEMBRE.
Les jours diminuent de 47 m. le soir et de 57 m. le matin.	Les jours diminuent de 45 m. le matin et de 34 m. le soir.	Les jours diminuent de 22 m. le matin jusqu'au 31 et de 3 m. le soir jusqu'au 15; ils croissent de 10 m. le soir.
PL le 3 à 11 h. 6 m. mat.	**PL** le 1er à 11 h. 40 m. soir.	**PL** le 1er à 1 h. 13 m. mat.
DQ le 10 à 10 h. 29 m. mat.	**DQ** le 8 à 5 h. 25 m. soir.	**DQ** le 8 à 2 h. 32 m. mat.
NL le 17 à 10 h. 6 m. mat.	**NL** le 16 à 0 h. 57 m. mat.	**NL** le 15 à 6 h. 23 m. soir.
PQ le 25 à 8 h. 4 m. mat.	**PQ** le 24 à 4 h. 36 m. mat.	**PQ** le 13 à 11 h. 51 m. soir.
		PL le 30 à 10 h. 8 m. soir.

#		OCTOBRE	#		NOVEMBRE	#		DÉCEMBRE
1	D	S. Remy.	1	M	**LA TOUSSAINT.**	1	V	S. Eloi.
2	L	S. Léger.	2	J	Les Trépassés.	2	S	Ste Aurélie.
3	M	Ste Manne.	3	V	S. Hubert.	3	D	1er DE L'AVENT.
4	M	S. François d'As.	4	S	S. Charles.	4	L	Ste Barbe.
5	J	S. Denis.	5	D	Ste Marcienne.	5	M	S. Sabas.
6	V	Ste Modeste.	6	L	S. Léonard.	6	M	S. Nicolas.
7	S	Ste Pélagie.	7	M	S. Ernest.	7	J	S. Ambroise.
8	D	Ste Brigitte.	8	M	Stes reliques.	8	V	LA CONCEPTION.
9	L	S. Denis et ses c.	9	J	S. Théodore.	9	S	Ste Valérie.
10	M	S. Andronic.	10	V	S. Tryphon.	10	D	2e DE L'AVENT.
11	M	Ste Placide.	11	S	S. Martin.	11	L	Ste Denise.
12	J	Les anges gardiens.	12	D	La Dédicace.	12	M	S. Valère.
13	V	Ste Otha.	13	L	S. Stanislas.	13	M	Ste Lucie.
14	S	Ste Menehould.	14	M	Ste Balsamie.	14	J	Ste Odille.
15	D	Ste Thérèse.	15	M	Ste Victoire.	15	V	S. Eusèbe.
16	L	S. Elophe.	16	J	Ste Tullie.	16	S	Ste Adélaïde.
17	M	Ste Austrude.	17	V	Ste Gertrude.	17	D	3e DE L'AVENT.
18	M	S. Luc.	18	S	Ste Oda.	18	L	Ste Olympiade.
19	J	S. Savinien.	19	D	Ste Elisabeth.	19	M	Ste Maure.
20	V	Ste Irène.	20	L	S. Edmond.	20	M	Quatre-Temps.
21	S	S. Hilarion.	21	M	PRÉSENTATION.	21	J	S. Thomas.
22	D	Ste Ursule.	22	M	Ste Cécile.	22	V	Quatre-Temps.
23	L	S. Amon.	23	J	S. Clément.	23	S	Quatre-Temps.
24	M	S. Florentin.	24	V	Ste Flore.	24	D	Vigile et jeûne.
25	M	S. Crépin.	25	S	Ste Catherine.	25	L	**NOEL.**
26	J	S. Armand.	26	D	Ste Delphine.	26	M	S. Etienne.
27	V	S. Saliren.	27	L	S. Séverin.	27	M	S. Jean évangéliste.
28	S	S. Simon et Judes.	28	M	S. Etienne.	28	J	Les saints innocents.
29	D	S. Macé.	29	M	S. Saturnin.	29	V	S. Thomas.
30	L	S. Léon-le-Grand.	30	J	S. André.	30	S	Ste Mélanie.
31	M	Ste Lucille.				31	D	S. Sylvestre.

SOLEIL.		SOLEIL.		SOLEIL	
LEVER.	COUCHER.	LEVER.	COUCHER.	LEVER.	COUCHER.
1er 6 h. 1 m.	1er 5 h. 37 m.	1er 6 h. 49 m.	1er 4 h. 38 m.	1er 7 h. 35 m.	1er 4 h. 4 m.
31 6 h. 48 m.	31 4 h. 39 m.	30 7 h. 33 m.	30 4 h. 4 m.	31 7 h. 56 m.	31 4 h. 11 m.

PETIT
ALMANACH MOSELLAN
1876
FRANÇAIS ET PATOIS LORRAIN

Es Lourains.

Emins se ve n'voleuz m' que vat' bié embruss'nesse, mä que lo grain pesant empiihesse vas guernins;

Se ve voleuz qu'vas bèrbis ne v'ninssent me galouses et qu'vas p' hés n'évinssent me l'seuyon;

Se ve n'voleuz m' que lè jaläye féyesse coleu vas r'hins, mä se v'voleuz veur lè vègne chéhiäye de béles pendihes et ouyi lo glou-glou don moùt;

Se v'voleuz qu'au printems vas jèdins fieurihinssent et qu'è l'automne les arbes piaiinssent d'zos lè chêhe don frut;

Se v'voleuz veur come vate vouèsine vas poilles färe des ieux éva dous pemelattes et que les halers et les hoous ne crochiinssent me vas pussins;

Ech'teuz, èch'teuz lo piat ermonek!

Et vos bäceles aux jaoues frahes come nas mirabelles se v'voleuz qu'i bé jane gaihon don pays vos venesse panre pè lè main po v'condure bianche fiancäye d'va Monsieu l' Märe.

Ech'teuz lo piat ermonek!

Ech'teuz lo ausseu vos vieux panpins et vieuilles manmins. Vate

araille s'reu chermäye d'ouyi lo grous patouès lourain que v'fereu
sov'nin don temps pèsseu.

Et tortot vos qu'émeuz vate bräve Lourainne èchteuz lo piat
ermonek !

L'a beun permins de rire qua an-z-on tant brâ.

L'Auberge de la grande route.

C'était en Italie pendant une nuit orageuse de décembre, la
pluie fouettait rudement les murs décrépis d'une auberge isolée et
coulait par torrents de sa toiture rouge.

Nulle fumée ne sortait de la cheminée ; la porte était fermée,
les fenêtres brisées : tout annonçait que la maison était abandonnée ou que les habitants s'étaient réfugiés, durant la tempête,
dans quelque coin reculé.

Au milieu du vacarme de la bourrasque, qui soufflait de plus
belle en ce moment, on pouvait distinguer le galop précipité d'un
cheval.

Bientôt la tête d'un cavalier se dessina par-dessus la haie
d'épines qui bordait la route, de l'autre côté de l'auberge.

Ce cavalier portait un casque surmonté d'une plume. Il paraissait s'être égaré, et à mesure qu'il approchait de la maison il
ralentissait l'allure rapide de sa monture. Quoique maltraité par
l'orage, on pouvait voir néanmoins que c'était un beau et vigou-
reux jeune homme. Après être descendu de cheval, il en jeta la
bride sur son bras et frappa violemment à la porte. Une tête de
femme se montra à une fenêtre de l'étage et l'on entendit en même
temps une voix douce et limpide :

— Que demande le *signore*? si c'est un logement, il ne faut pas y songer, car la maison est entièrement occupée.

— Pas possible! répondit le jeune homme, j'espère bien que vous aurez encore une chambre à ma disposition. Je suis trempé jusqu'aux os et en conscience vous ne pouvez me refuser un abri par ce temps de chien!...

— Madonna! je suis une pauvre fille abandonnée, et le *signore soldato* sera assez bon pour chercher un autre gîte. Que tous les saints du paradis lui soient en aide!

— Per Baccho! — s'écria le soldat impatienté — est-ce que, par hasard, la bonne dame me prendrait pour un *ladro*, qu'elle me laisse ainsi essuyer un pareil déluge?... *aprite lesto e Dio vi benedica!*....

Il devait y avoir quelque chose de bien rassurant dans la voix du postulant, puisque la jeune fille, malgré ses craintes, se décida à tirer les verrous et à faire entrer le cavalier et sa monture.

Le nouvel hôte conduisit ou plutôt traîna son pauvre cheval éreinté à travers la cour dans une écurie.

L'intérieur du bâtiment était assez spacieux, mais mal divisé et presque en ruine.

Jadis, cependant, cette auberge avait joui d'une grande vogue; mais, depuis que de nouvelles routes avaient été percées, les voyageurs et le commerce avaient pris une autre direction, de sorte que c'était un hasard d'y rencontrer un étranger, d'autant plus que le bruit courait que des vols nombreux et des assassinats avaient été commis dans le voisinage.

Dans les beaux jours de sa prospérité, cette auberge était tenue par un certain Petruccio Russeio, aidé de sa femme et de sa fille Juanita.

La bonne femme un jour fut prise de fièvre maligne et mourut.

Son mari Petruccio, soit de chagrin ou par suite de fréquentes libations, ne tarda pas à la suivre dans la tombe, laissant à sa fille l'auberge, quelques vignobles et, disait-on même, un magot. Ce qui, joint au joli minois de l'héritière, lui attirait une foule d'adorateurs des environs. Mais, depuis longtemps déjà, le choix de la jeune fille était fait : elle aimait et était aimée d'un jeune homme qui, dans son enfance, avait été presque son frère, mais dont la fortune ne correspondait nullement à la sienne, circonstance qui avait rendu le jeune homme timide et réservé dans ses avances. Pourtant tout s'était arrangé à la satisfaction de chacun.

Le jour même que nous faisons connaissance avec Juanita devait être celui de ses noces. Mais une cruelle déception lui était réservée. Aussi la pauvre jeune fille avait-elle le cœur gros quand le jeune soldat vint frapper à sa porte. La répugnance qu'elle montra à recevoir cet étranger tenait aussi à la nouvelle récente que les brigands qui désolaient le pays étaient venus établir leur retraite dans un bois, à peu de distance de l'auberge. En conséquence la porte avait été soigneusement verrouillée et n'était ouverte qu'aux habitués de la maison.

Rien d'étonnant, ainsi, que la présence d'un cavalier armé, par un pareil temps et à cette heure, n'effrayât la jeune fille et ne la fît hésiter à l'introduire dans sa demeure.

A la porte de l'écurie, le cheval du soldat fut pris de ses mains par un vieux valet qui était dans l'auberge depuis le bon vieux temps et, quoiqu'alors ses occupations se réduisissent à une sorte de sinécure, il n'en demeurait pas moins dans l'auberge, se chauffant au soleil et se montrant de temps en temps dans les écuries désertes pour y surveiller des chevaux imaginaires.

Chaque fois que sa maîtresse l'appelait, il arrivait en se traînant, et le reste du temps il le passait dans une sorte de somnolence dans laquelle il était plongé à l'arrivée du soldat.

Les deux petits yeux sournois du garçon d'écurie exprimèrent l'étonnement en apercevant l'étranger. Celui-ci en ressentit, soudain, la maligne influence, il éprouva une vague méfiance en lui confiant son cheval.

L'étonnement du garçon était d'ailleurs fort naturel dans la circonstance, car on voyait rarement des soldats dans cette contrée reculée, et leur présence fortuite donnait toujours lieu à des commentaires sans fin.

La jeune hôtelière, suivie de son hôte, traversa la cour, monta un escalier en pierre et le conduisit dans le *salone*, ou salle à manger de l'établissement.

Une longue table de chêne occupait toute la longueur de l'appartement, des chaises lourdes et massives étaient éparpillées çà et là comme si une nombreuse société venait seulement de les quitter.

Un grand tableau à l'huile, tout gluant, représentant les *Noces de Cana*, œuvre probable d'un Michel-Ange de village, couvrait, sinon ornait tout un mur. L'intendant juif qui verse à boire aux convives était évidemment le portrait d'un des ancêtres de la jolie hôtesse, car il ressemblait admirablement à un *padrone d'osteria*.

Tout en jetant un coup d'œil rapide sur cet appartement peu confortable, le jeune soldat déboucla son ceinturon et posa soigneusement son sabre sur la table.

— *Per Baccho! figlia mia* — dit-il ensuite — maintenant que me voilà parvenu dans la place, ce dont il n'y a pas déjà tant à se vanter, y aurait-il moyen d'avoir quelque chose à mettre sous la dent, mais surtout un peu de feu pour sécher mes vêtements mouillés?...

Le costume à couleurs voyantes de la jeune Italienne, sa parure d'argent faisaient un contraste pénible avec sa douce figure, inondée de larmes et à moitié cachée sous le tablier qu'elle tenait devant ses yeux avec ses petites mains.

— Madonna, je ne puis rien faire pour vous, *signor soldato ;* je ne suis qu'une pauvre fille. Je devais être si heureuse aujourd'hui.

— *Poverina !* — dit le soldat, visiblement ému des chagrins de la jeune fille — *poverina !* je suis très-fâché de vous avoir parlé si rudement. Mais qu'est-ce qui peut tant vous affliger ? pourquoi deviez-vous avoir plus de bonheur aujourd'hui que les autres jours, comme si quelqu'un, n'importe quand, pouvait être heureux dans cette vieille masure !...

— Oui, nous pouvions être heureux ici, Giuseppe et moi. J'aime cette maison et Giuseppe devait la mettre à neuf.

— Mais quel est ce Giuseppe ?... demanda le jeune homme avec bienveillance et tout en souriant de sa simplicité.

— Mon fiancé, signor.

— Et il vous a trahie, *bella mia ?* — demanda le soldat en l'attirant près de lui et en passant son bras autour de sa petite taille, incapable de résister à son inclination professionnelle de consoler à sa manière tant de gentillesse dans la peine.

— Ne me touchez pas, *signor soldato !* cria-t-elle avec indignation en se dégageant lestement de son étreinte — mon Giuseppe ne m'a point trahie, mais il y a huit jours aujourd'hui qu'il partit pour aller acheter, à la ville, nos habits de noce, et à son retour il fut enlevé par les bandits qui étaient en embuscade dans ce bois, là-bas. Bien que le bon *Padre* soit lui-même allé leur offrir tout mon argent pour sa rançon, ils ont refusé, prétendant à une plus forte somme. Mais — ajouta-t-elle, en versant des larmes abondantes — je vendrai tout ce que je possède pour délivrer mon pauvre Giuseppe. Sans ce malheur je ne serais pas seule et j'aurais beaucoup de provisions à vous offrir ; aussi, vous feriez mieux de chercher une meilleure auberge.

L'étranger tressaillit en apprenant, par ce simple récit, que les bandits étaient dans les environs. Il resta quelque temps silencieux, tandis que la jeune fille se laissait aller à ses pleurs.

— Allons, *poverina*, ne pleurez plus ! ce sont probablement les saints, que vous invoquez si souvent, qui m'ont conduit à votre porte, hors de laquelle vous êtes si impatiente de me mettre. Il y a encore de l'espoir pour votre Giuseppe et pour vous. Votre valet est-il un homme de confiance ?... A première vue il m'a fait l'effet contraire.

— Oh ! il n'a jamais fait de mal à personne. Je sais qu'il m'aime beaucoup, mais il est trop pauvre pour pouvoir m'aider dans cette circonstance.

— Le croyez-vous assez fort pour porter un message qui exige une marche de deux heures, et assez honnête pour le délivrer fidèlement ? demanda le soldat.

— Oui.

— Eh bien ! faites-le venir. J'espère pouvoir vous être utile ainsi qu'à votre Giuseppe.

A cette promesse un éclair de joie illumina le visage de la jeune fille, et saisissant la main de l'étranger, elle la baisa avec effusion et s'envola.

— Je cours, maintenant, la chance de mourir de faim et de froid, car la petite a bien autre chose en tête que de penser à mes besoins — se dit en lui-même notre soldat, et prenant une des lourdes chaises, il s'assit devant la fenêtre pour contempler le sombre paysage qui se déroulait devant lui.

De l'autre côté de la route, derrière la haie dont nous avons parlé, existait un énorme ravin; plus loin, une chaîne de collines couvertes de bois épais fermait l'horizon. Le paysage était sauvage et pittoresque, et paraissait avoir un charme particulier pour le jeune soldat, lorsqu'un léger bruit qui se fit derrière lui le tira de sa contemplation.

Il se retourna vivement, croyant que c'était la jeune fille qui revenait, mais il n'aperçut personne, et sans trop s'en rendre compte, il éprouva un certain malaise. Il s'avança sur le palier, regarda sur l'escalier.... rien ?...

Il s'en voulait presque de ses craintes imaginaires, lorsque son œil se dirigea instinctivement sur la table, et à son grand étonnement il ne trouva plus le sabre qu'il y avait posé.

Juanita rentrait dans ce moment plus désolée que jamais, car elle n'avait pas rencontré le vieux Nenny.

Le soldat, dont l'imagination était frappée de toutes les histoires de voyageurs assassinés dans les auberges isolées, eut un moment de soupçon sur la jeune aubergiste, mais en voyant la douleur empreinte sur sa figure il eut honte de ses doutes. Ses pensées se tournèrent sur le valet d'écurie ; il se rappela les pressentiments qu'il avait éprouvés en le voyant pour la première fois.

— C'est lui, s'écria-t-il, qui a pris mon sabre ! Allons vite voir, *poverina*, s'il n'a pas aussi emmené mon cheval...

Et il sortit dans la plus grande agitation.

CHAPITRE II.

A deux milles environ de l'auberge, à droite de la grande route, se trouvait un petit chemin qui serpentait à travers des collines aboutissant à des blocs immenses de rochers rouges ; la nature, ou peut-être l'art, avait creusé, dans une de ces gigantesques masses de pierre, une énorme caverne.

A l'extrémité de cette caverne on pouvait, en y pénétrant, distinguer, éclairés par un feu de bois qui flambait joyeux, une troupe d'hommes assis autour d'une table sur laquelle se voyaient encore les restes d'un plantureux repas.

Ces hommes, au nombre de trente environ, tous parfaitement armés, ne paraissaient pas avoir des habitudes pacifiques. Leurs costumes extrêmement pittoresques visaient presque à l'effet.

Les uns avaient de petits manteaux rouges jetés sur l'épaule, les autres étaient enveloppés dans de larges châles aux couleurs éclatantes et variées ; tous portaient de grandes bottes et des casques ornés d'une plume flottante.

Ces hommes parlaient plusieurs dialectes ; ils appartenaient évidemment à diverses contrées de l'Italie ; il y en avait même de pays étrangers.

A l'expression ardente de leurs sombres figures à longues barbes, à leurs yeux flamboyant sous leurs épais sourcils contractés, à leurs gestes violents, il était facile de deviner que la discussion était engagée sur un sujet d'intérêt.

Ce jeune homme assis en face de l'entrée de la grotte, avec ses longs cheveux noirs bouclés, ses yeux noirs, son corps souple et svelte, était un Napolitain ; l'autre, assis un peu plus loin, plus faiblement bâti et dont la figure était presque ensevelie sous une immense barbe inculte, jouant avec le manche de sa dague et regardant autour de lui d'un air féroce et méfiant, était probablement un Romain ; ce grand blond à la forte charpente, lourd et pesant, aux cheveux clair-semés, était un Autrichien des États de Venise.

Bref, chaque pays semblait avoir son représentant dans cette troupe sans foi ni loi, laquelle n'était autre qu'une bande de voleurs de la pire espèce. Ces horribles oiseaux de proie portaient sur leur passage le pillage et la mort. C'était la terreur des voyageurs, le fléau des pauvres paysans près desquels ils établissaient leur demeure.

Le personnage le plus remarquable de la bande était un homme assis à l'écart et ne prenant part à la conversation qu'invité par ses camarades, lesquels ne le faisaient qu'avec une certaine déférence.

Son aspect était des plus singuliers : sa taille était moyenne, sa corpulence peu commune, son encolure robuste. Les traits grossiers de son visage avaient quelque chose de répulsif, ses petits yeux avaient cette teinte rougeâtre qui donne à l'œil humain le regard félin du tigre ou de la panthère. Son front était large et bas, et une chevelure épaisse et rouge qui flottait sur son cou comme une abondante crinière, venait compléter l'étrangeté de sa physionomie.

Malgré son silence il avait écouté attentivement chaque orateur, attendant le moment opportun pour intervenir. Il sortit alors de sa nonchalance apparente, jeta sur ses camarades un regard d'autorité et, lorsque l'attention fut bien arrêtée sur lui, il commença à parler avec impétuosité en gesticulant beaucoup, comme ses compatriotes.

Son discours persuada l'assemblée, car la nature l'avait doué de cette éloquence mâle et rude qui fascine les masses.

Le mobile Napolitain resta lui-même attentif, en tourmentant instinctivement sa dague, surexcité qu'il était par la parole entraînante de l'orateur.

Le froid Germain tendait le cou et ouvrait la bouche comme s'il allait avaler chaque mot.

Cependant le sujet qui avait excité tant d'animation et tant d'éloquence était des plus mesquins. Ces hommes ardents et fougueux discutaient tout bonnement la rançon d'un pauvre vigneron, le fiancé de la jeune aubergiste.

Un profond silence succéda aux paroles du chef. Ce fut le Romain qui rompit le charme.

— Podesta, ce que vous venez de dire est superbe; mais, si nous lâchons l'individu comme vous le conseillez et que nous changions nos quartiers, que deviendra la riche rançon que vous nous avez promise? Il est vrai que d'habitude c'est nous qui travaillons et c'est vous qui empochez le profit.

— Diavolo, vous vous méfiez toujours!... Vous aimez donc mieux que ces coquins de soldats nous cernent, ainsi que des informations certaines me l'assurent, et qu'on nous prenne dans ces collines comme des renards dans une trappe?... Allons aux voix! moi, je m'abstiens, arrangez-vous; debout, camarades! oui ou non! voulez-vous tirer de ce paysan tout ce qu'on pourra et le mettre en liberté, ou bien rester ici à tergiverser, comme de vieilles femmes marmotant des *ave*, pour être fusillés comme des chiens ou envoyés aux galères à perpétuité?...

— Lâchez ce pauvre diable! — grogna l'Autrichien.

Les hommes de l'autre bout de la table ne donnèrent aucun signe, ni pour, ni contre. Ils paraissaient n'être que des instruments dans les mains de leurs camarades.

Le Napolitain, vivement excité, s'écria : — Qu'on le ramène devant nous une seconde fois, et selon ses réponses nous agirons.

L'un des bandits disparut alors dans l'obscurité d'un coin de la caverne et reparut bientôt ramenant le captif, dont les bras et les jambes étaient garrottés au point qu'il pouvait à peine se traîner à côté de son geôlier. Ce prisonnier était un beau jeune homme, à l'œil brillant, à l'air mâle et hardi. Malgré les souffrances qu'il avait endurées, il regardait fièrement ses juges.

— Eh bien! camarade — lui demanda le Romain, quand il fut arrivé au bout de la table, où on lui avait ordonné de se tenir — vous obstinez-vous toujours à nous refuser votre influence auprès de votre fiancée, qui ne veut pas payer intégralement votre juste rançon ?

— Je ne sais si cela s'appelle juste — répondit le garçon — ce que je sais, c'est que la somme que vous a offerte le bon *Padre* est tout l'argent que possède ma pauvre Juanita et qu'elle ne peut pas en faire davantage.

— Basta ! — s'écria un homme au regard farouche — pas tant de baragouinage !... si elle n'a pas d'argent comptant, il lui reste des vignes ; qu'elle les vende pour compléter la somme du rachat de son beau damoiseau, si elle en a besoin... après tout je crois que son amour ne l'étouffe pas.

— Jamais ! — dit le captif avec calme et assurance. — J'accepte volontiers l'argent de ma fiancée, parce que j'ai la persuasion de lui faire plaisir, mais je ne souffrirai pas qu'elle se dépouille pour moi. Maintenant faites de moi ce qu'il vous plaira. Je n'ai plus rien à dire...

Il cessait de parler quand le vieux Nenny, le valet d'écurie, fit son apparition comme poussé par un coup de vent épouvantable qui venait de s'engouffrer dans la caverne. Il était trempé de sueur et de pluie, et sans apercevoir Giuseppe, il s'écria hors d'haleine :

— Signori camarades, il y a du danger au dehors ! un soldat vient d'arriver à l'auberge, naturellement il est envoyé en reconnaissance, je lui ai volé son sabre — il le jeta sur la table — j'ai mis aussi son cheval hors de combat. Éreinté comme il l'était, il ne lui sera plus facile de voyager avec un bon pouce de clou rouillé dans le sabot. Mais n'importe, il faut se hâter, un rien peut éveiller les soupçons, et si on ne s'empare pas de ce maudit *soldato*, nous sommes tous perdus.

— Misérable ! — s'écria Giuseppe frappé de surprise et d'indignation — scélérat ! c'était donc vous qui alliez dénoncer en cachette
les malheureux voyageurs de l'auberge pour les faire voler et souvent assassiner ?... Birbante ! si j'avais pour une minute l'usage de
mes mains, je vous étranglerais sans pitié !...

— C'est moi qui commencerai ! s'écria le vieux valet en se précipitant sur lui une dague à la main. Mais le Napolitain le repoussa
à temps. — Non, non ! — dit-il — il faut que nous le montrions
vivant à sa bonne amie, afin de lui tirer le plus d'argent possible.
Ensuite il mourra puisqu'il a découvert notre secret.

— Qu'on le bâillonne ! il ne faut plus qu'il dise un mot !...
Quant à nous, il est urgent que nous soignions ce coquin de soldat.

Je propose donc d'aller en masse à l'auberge et de nous empa-
rer de ce chien-là.

— Ainsi soit-il, répondit le chef, et tous se levèrent en poussant
des cris de joie sauvages. Après avoir soigneusement examiné leurs
armes, ils sortirent pour leur lâche expédition, emmenant avec eux
leur infortuné prisonnier.

CHAPITRE III.

— Enfoncez la porte de ce misérable chenil ! — hurlait le chef
impatienté. Si la fille est à la maison, à coup sûr elle n'a pas
envie de nous ouvrir..... nous n'avons pas de temps à perdre.
Carl ! faites votre gros dos et introduisez-nous.

L'Autrichien, à qui s'adressait cette injonction, venait de s'arrêter devant la porte avec ses autres camarades, lesquels, en moins
d'un quart d'heure de marche, entouraient déjà la demeure de la
pauvre Juanita ; il allait obéir à l'ordre du chef quand le Romain

l'arrêta en lui disant : — Prenez garde! l'espion a peut-être des pistolets....

— Non, non! le *cane* n'en a point — répondit le Napolitain — d'autant plus bête qu'il est.

—Venez, venez, Carl! je brûle d'entrer.

— J'aimerais bien entendre Nenny confirmer la chose, dit brusquement l'Allemand; car je n'ai aucune raison particulière qui m'oblige à me jeter dans le guêpier.

— Je vous répète qu'il n'a point de pistolets, dit le Napolitain ; dans le cas contraire je tiendrai le prisonnier à la portée du mien, et, s'il vous arrive malheur, il tombera aussi.

— Belle consolation ! — s'écria Carl, en faisant une horrible grimace — prenez ma place, je vous prie, je prendrai la vôtre.

— Arrière!... chiens! — hurla le chef en jurant comme un païen, furieux de ce retard. — La jeune fille avec son aiguille à tricoter vous ferait tous fuir comme des lâches.... arrière! vous dis-je, faites-moi place!... Et, jetant en arrière son épaisse chevelure fauve, il ramassa toutes ses forces et pesa de tout son poids contre la frêle porte qui céda sous cette puissante pression.

Les bandits se répandirent aussitôt dans la maison, renversant tout dans leur précipitation à découvrir la pauvre Juanita et le malheureux soldat.

Des cris de mécontentement annoncèrent que le cheval avait disparu et qu'on ne retrouvait nulle part la jeune hôtelière, ni le soldat.

Un exprès fut envoyé en toute hâte à la rencontre du vieux Nenny, qui était resté en arrière, ne se souciant pas de faire route avec des gens aussi compromettants. Dès qu'il entra, les brigands, très-animés, l'accablèrent de questions. Ils tenaient surtout à savoir s'il n'y avait pas de cachette dans la maison. Quant au cheval, il répéta ce qu'il avait déjà dit; il ajouta qu'il n'avait aucune inquiétude sur le compte de Juanita, qu'elle était allée, comme déjà elle en avait témoigné le désir, consulter le bon *Padre* sur le moyen de prélever sur les vignes la rançon de Giuseppe. Bref, il assura qu'ils avaient encore trois jours avant de craindre l'arrivée présumée des soldats. Il était donc d'avis de ne pas pendre Giuseppe avant le retour de Juanita, mais de le tenir lié et bâillonné, afin que celle-ci pût le voir vivant. On l'achèvera — dit-il — lorsqu'on aura empoché la rançon.

Pendant que Nenny était descendu dans la cave pour chercher des rafraîchissements, les bandits, déjà échauffés par l'orgie de la caverne, se ruèrent en masse dans le *salone* pour continuer à boire aux dépens de l'hôtesse absente. En entrant, ils se débarrassèrent de leurs armes et les jetèrent pêle-mêle dans un coin de la salle. Giuseppe fut placé dans l'autre coin. Il serait impossible de décrire la rage de ce malheureux en voyant son impuissance à protéger sa fiancée contre les intentions coupables de ces misérables. Il avait sans cesse les yeux cloués sur la porte du *salone*, car la crainte de la voir arriver augmentait à chaque minute. — Oh ! disait-il — si la *Madonna* pouvait avoir pitié de nous et empêchait ma bonne Juanita de venir !...

Les heures s'écoulaient, ainsi que les bouteilles de vin. On avait déjà énormément bu.... Le chef lui-même, assis au haut bout de la table, avait fait de plus fréquentes libations que de coutume. Néanmoins sa préoccupation était manifeste ; malgré le bruit frénétique des convives une pensée triste venait l'assaillir ; elle se trahissait par des mouvements nerveux et par un silence morne.

L'infâme Nenny était l'oracle et le héros du jour. Excité par la boisson, ses petits yeux verts dansaient et brillaient pendant qu'il racontait de nouveau à ses camarades les événements de la matinée.

— *Maledetto soldato!* tu nous as échappé!... S'il avait seulement retardé sa fuite d'une demi-heure, nous le prenions comme un renard dans un piége. Il a eu des soupçons! Ce n'est pas par la petite, à coup sûr, car elle ne savait rien de rien, elle est aussi innocente que l'enfant qui vient de naître. N'importe! camarades, le vieux Nenny vous donnera encore plus d'un bon conseil. Il y a ici une meilleure proie que ce soldat, c'est l'argent de la petite pour arrondir vos boursicots.

— Oui, — répondit tristement le chef — mais la proie qui nous échappe est d'une race qui, comme la nôtre, ne chasse qu'avec une meute nombreuse. Je ne serais pas étonné que ce maudit soldat ne revînt plus tôt que nous ne croyons.

— Pouah! — s'écria Nenny d'un air de profond mépris — le *Podesta* devient craintif; Andréa lui a communiqué son infirmité, ils sont trop près l'un de l'autre.

La dague du Romain brilla et la pointe effleurait déjà la gorge du vieil homme, quand elle fut vivement repoussée par la lame toujours alerte du chef, qui s'écria avec autorité : — Silence, chiens!... Andréa, à votre place!... écoutez!... on marche!... aux armes!...

Mais avant que l'ordre fût exécuté, la porte de la salle s'ouvrait tout à coup et donnait entrée, non à un ennemi contre lequel les armes étaient nécessaires, mais à la pauvre Juanita, qui, tout effrayée et tout en larmes, s'avançait en criant : — O bons signori, pitié!... lorsque j'ai vu la porte enfoncée, j'ai deviné que c'était vous.... pitié pour mon pauvre Giuseppe! Dans quelques jours vous aurez tout l'argent que vous me demandez, et que tous les saints du Paradis bénissent les bons signori!... Patience, et la Madonna vous récompensera.

— Approchez! fille, — dit rudement le chef — approchez et cessez vos jérémiades stupides! Regardez là-bas dans ce coin. Voilà votre amoureux incapable de vous aider en quoi que ce soit. Ainsi commencez d'abord par nous dire ce qu'est devenu ce soldat, ensuite vous nous donnerez tout l'argent que vous avez présentement. Nous lâcherons alors votre oiseau, avec lequel vous pourrez, demain, faire la noce si bon vous semble. Refusez ou essayez de nous tromper, et tout son sang retombera sur votre tête, car dans l'un et l'autre cas il sera fusillé, comme un chien, devant vous. Approchez donc et parlez vite! nous n'avons pas de temps à perdre.

La pauvre Juanita, comme paralysée par la joie de revoir son amoureux, même dans les fers, était restée immobile devant le bandit pendant qu'il parlait; mais aussitôt qu'il eut fini, comme si le charme eût été rompu, d'un bond elle se jeta au cou de son fiancé, sans s'inquiéter des grosses plaisanteries des témoins de sa tendresse. Rejetant en arrière les longs cheveux de Giuseppe qui retombaient sur son visage, elle le couvrait des plus chaudes caresses et, d'une main fiévreuse, elle essayait de lui enlever ce terrible bâillon, tandis que le malheureux endurait toutes les tortures de l'amour et de la pitié, car il savait que son innocente joie serait bientôt suivie d'une affreuse déception.

— Venez! venez! *bella mia*, je m'oppose à cela — car les doigts de Juanita cherchaient toujours à arracher les courroies du bâillon.

— Vous entendrez son doux ramage en temps convenable, mais avant, c'est nous qui voulons entendre vos doux accents. Qu'est devenu le soldat?... Venez nous raconter cela et ne cachez rien!

— Oui, ma jolie — dit le gros Allemand, Carl — parlez tout à votre aise — et il cherchait à l'attirer sur ses genoux, tandis que les joues de Giuseppe devenaient pourpres d'indignation et de fureur. Mais la pauvre Juanita, dans son impatience de voir donner la liberté à son fiancé, ne s'était même pas aperçue des privautés que se permettait le bandit.

Ses grands yeux noirs brillaient à travers les larmes. Elle venait d'apercevoir l'ignoble figure du vieux Nenny au milieu de ces hôtes dangereux. Sans trop s'en émouvoir, comme on voit dans un mauvais rêve un objet hideux, elle commença son récit :

— Après lui avoir raconté — dit-elle — mes peines sur mon Giuseppe, il m'envoya chercher le vieux Nenny, mais je ne le trouvai pas. Quand je remontai pour l'en informer, il venait de s'apercevoir qu'on lui avait volé son sabre ; il entra dans une grande colère et paraissait fort inquiet ; il descendit ensuite précipitamment dans les écuries, craignant de ne plus trouver son cheval, mais il était boiteux ; il retira alors du pied de la pauvre bête un long morceau de fer rouillé, sortit de sa poche un flacon, en fit couler le contenu sur la plaie et le cheval marcha aussi bien qu'auparavant. Il me conseilla de ne pas rester seule, parce que le vieux Nenny, me dit-il, est un *vecchio birbone*.

Je descendis avec lui au village où je devais attendre son retour, mais mon impatience était trop grande, je suis revenue toute seule, en hâte, afin que le vieux Nenny aille porter un message au bon signore que j'avais vu dans les vignes avec le bon *Padre* et qui m'avait promis de me prêter la somme nécessaire pour compléter la rançon de mon bien-aimé. Arrivée à la porte de l'auberge, je la trouve forcée, je monte et je vous vois tous ici.... Madonna ! ô mes bons signori ? je ne suis qu'une pauvre fille, une pauvre orpheline, je ne possède plus rien que quelques vignes, prenez-les et rendez-moi mon Giuseppe.

— Camarades! vous entendez, nous n'avons pas une minute à perdre, cet individu peut revenir d'un instant à l'autre — s'écria le brigand à la chevelure rouge. — Et vous, donnez l'argent que vous avez.... puis partez!

— Partir! — répéta étonnée la pauvre Juanita. — Oh! oui, oui — s'écria-t-elle, et tirant de sa poche une bourse qui contenait tout son avoir, elle la fourra dans la main du *Podesta*. — Maintetenant — dit-elle toute joyeuse — ordonnez qu'on mette Giuseppe en liberté...

A ces mots le chef poussa un énorme éclat de rire. — Je crois, *mia bella,* que les autres signori ont quelques objections à faire à cela ; pour ma part, peu m'importe ce qu'on fera de lui, mais je crains fort qu'on n'ait l'intention de lui serrer un peu le cou avant de le lâcher....

— Ah! mon Dieu! cria la jeune fille, toute tremblante, en se précipitant de nouveau sur Giuseppe, et l'étreignant dans ses bras comme si aucune puissance humaine n'était capable de l'en arracher.

— Pour la seconde fois, je vous ordonne de vous retirer lestement — dit le chef. — Ces signori, comme je viens de vous le dire, ont l'intention de pendre votre Giuseppe ; mais si vous êtes gentille et que vous déguerpissiez sans bruit, je leur demanderai, comme faveur, de le fusiller, c'est plus honorable.

Par un hasard providentiel, les cris de désespoir que la malheureuse Juanita poussa en entendant cette affreuse sentence, guidèrent les soldats, dont les pas précipités se firent tout à coup entendre dans l'escalier... et avant que les bandits eussent eu le temps de saisir leurs armes, une troupe nombreuse se précipita dans la salle, le fusil en joue. Toute résistance devenait dès lors impossible.

Ils se rendirent à merci. Le *Podesta* tenta, en renversant deux soldats, de sauter par la fenêtre, mais la balle d'un mousquet vint l'arrêter tout court en l'étendant raide mort sur le plancher.

Dans le désordre Juanita avait saisi un couteau et avait coupé les liens de son amoureux. Elle était si terrifiée par la mort du bandit et si affaiblie par toutes les secousses précédentes, qu'elle tomba évanouie dans les bras de son fiancé, libre maintenant.

Trois semaines après, lorsque les peines et les ennuis furent oubliés, le bon *Padre* unissait pour la vie l'heureux Giuseppe et la belle Juanita.

La Rose.

Amoureuse de sa figure,
Un jour d'été dans l'onde pure,
La rose se mirait, ivre de son bonheur ;
Quand soudain une brise folle,
Effeuille en passant sa corolle
Et disperse dans l'air cette orgueilleuse fleur.
Coquette, c'est ainsi que la beauté s'envole.

Fiauve.

LO POUO.

I n'y éveut une vaye i piat guéchon que s'houïeut Jano.

I bé mètin Jano e dit è sè mére :

— Mére, bèïeuz-m' i pouo.

— Et poquè fàre, mon afant ?

— Po fàre fòrtune,

— Couche-to ! t'as i Chan !

— Mére, je n' sus m' i Chan ! bèïeuz-m' i pouo et v'veureuz qu'éva l' pouo-lè j' frà fòrtune.

— Posque ç'a val i pouo.

2.

Jano e ennaleu éva s' pouo.

L'e ériveu d'va lè nut dans eune cense.

— Bon souèr, brâves gens! ve m' v'leuz-t-i laichieu lôgeu cheu vos me et m' pouo.

— Et poquè nian — e r'pondu l'mâte — te coucherés dans nate guernin d'foin et t'pouo Antôune couchereu dans tè male.

— Oh nian! se c'lè ne v'fà rien, j'matrâ coucheu m'pouo éva vas poilles.

An-z-empôute lo pouo dans lè gelnire et lo drôule envâ dremin dans l' guernin d'foin.

Lo londemain on mètin Jano s'leve et envâ dans lè gelnire po quouère so pouo. Mâ bote au diâle! lo pouo n'y ateut pus.

Po l'côp Jano envâ d'va l'mâte.

— Vas poilles — qu'i li dit — ont évaleu m' pouo v'aleuz-m béïeu lè pus bèle d'enter zous ou beun je matrâ l'fu dans lè ferme.

— Jane de meche! pia vaugan!

— I n' s'âgit m' de vaugan, je v'à dit çou qu' je v'leus, ve m'on béïereuz ou beun preneuz ouâde.

3.

Jano envâ éva sè béle poille.

L'érive dans eune métaréye éva lo s'la messant.

— Bon souèr, brâves gens, ve m' v'leuz-t-i lôgeu me et mè poille.

— Poquè point — e r'pondu l'mâte — te coucherés dans l'ètaube et tè poille ôdile couchereu éva les nates.

— Oh nian? se çolè ne v' fà rien, je vieu que mè poille couchesse éva vas p'chés.

Lè poille a emptâye dans l'ètaube et nate drôule vâ dremin dans lè mèrcarréye.

Lo londemain l'mètin Jano s'leve et envâ dans l'ètaube po quouère sè poille, mâ pus de poille.

Jano vâ treveu l' mâte.

Vas p'chés — li dit-i — ont meinjeu mè poille, ve m'alleuz bèïeu lo pus bé de vas p'chés, ou beun lè nutàye-ce j'i jeterâ de lè pouohon.

— Piat rienvau ! mauvâ piat brigand !

— I n' s'âgit m' de rienvau ni de brigand ! je v'â dit çou que j' vieux, ve m'on bèïereuz ou sinon preneuz ouâde.

Lo métayeu e évu paou et l'e bèïeu lo p'ché.

4.

Jano envâ éva so p'ché.

L'érive dans eune grande cense entre chin et loup.

— Bon souèr, brâves gens, ve vourinz-t-i beun mo lôgeu me et mo p'ché.

— Et poquè nian — ç r'pondu l'mâte — te coucherés éva nas guéchons et to p'ché, animal, couchereu éva nas p' chés.

— Oh nian ! se c'lè v'a égàl je vieux qu'mo p' ché couchesse éva vas bieus.

— An-z-enmoinnent lo p'ché dans lè bieurèye et nate piat droûle vâ dremin éva les vâlats.

Lo londemain da l'mètin Jano s' leve et va è lè bieurèye po charchi so p'ché, mâ les bieus l'évint brayeu.

Jano vâ treveu l' mâte.

— Vas bieus — qu'i li dit — ont touo mo p'ché è côps d' connes mâte, ve m'aleuz bèïeu lo pus jali bieu don tropé ou beun je jete i sôurt su vas bètes et eles creveront tortot.

— Rienvau ! manre galmiron !

— I n' s'âgit m' de galmiron, béieuz-m' çou qu' je demande, ou sinon gare...

Lo bouvieu e évu paou et li e bèïeu lo bieu.

5.

Jano envâ éva s'bieu.

I renconteur lo foss'li qu'aleut entereu eune fome.

L'home v'leuz-v' cheinjeu vate môute po mo bieu?

— Manre pêcheur — e dit lo foss'li — ne v' maqueur-me des choûses-lé.

— Je n' mo maque-me. V'leuz-v cheinjeu?

— Cheinjans.

Jano e chéhieu auss'toout lè poure môute su s'n épaule et haïe... haïe...

Enfin l'érive d'va i chèté qu'ateut su lo bord de lè rivière.

Qué qu'fà nate Jano?

I pôuse le môute en crepson su l' bord de l'auou, li mat i mochu dans eune main, eune bèture dans l'aute et lè piante tolè come eune fome que chôou.

Çolè fà l'envâ au chèté.

6.

— Boinjo, ve n'érinz m' t-i bezan di jerdinieu?

— Si fà — r'pond l' Monsieu.

— Se ve v'leuz m' loueu éva mè fome, j'atans è vate service.

I fonnent mercheu et lo Monsieu les loue tòt les douss'.

Qua e venin l'houre de lè mèrande nate drôule e quiteu s'n ovrège ets'e venin mate è tauïe.

— Et vate fome — dit l' Monsieu — ouèïou que ve l'euz laichieu.

— Ma fri je n'y penseus pus — e r'pondu Jano — ele deut éte pèlè, dèyeu, que chôou don linge è lè riviére.

— Pè lè dèyeu — e fà lè d'moinzèle don chèté — j' m'envâ lè houyeu, lè poure fome deut aouo faim.

— Aleuz-y.

Lè demoinzèle dechend è lè rivière et come ele vouot lè chôourasse. — Chôourasse ve n' veneuz m' mèrandeu?

Lè môute qu'a en genè ne r'moue me pus qu'eune bonne.

— Chôourasse! chôourasse! hàyeuz! veneuz vitement mèrandeu!... rien....

Lè d'moinzèle retone deva Jano.

— J'â houyeu vate fome, ele n' e m' repondu.

— Eh! mon Dieu, je ne v'à m' dit que l'a chote, mà chote come
i t'pin. Se ve v'leuz qu'ele v'ouyesse ne doteur me d'li tapeu su
l'épaule.

Lè béle demoinzèle retone au chôoui et toche lè môute su
l'épaule, mà... patatra lè val que cheut dans l'auou.

— Oïe! oïe! oïe! è l'âde! Jano, v'neuz vitement — bôie lè poûre
demoinzèle — vate fome so naïe.

Jano èrive les mains su sè téte.

— Ah! misérâble! v'euz naïeu mè fomme! qué que j' dirâ? qué
que j' f'râ! qué que j' deviendrâ, j' sus in home pedu.

Lo monsieu vient, lè dème vient, tot chèquin èrive.

— Monsieu — e houyeu Jano — ve m'aleuz béïeu vate bacèle
ou beun, v'euz naïeu mè fome, je m'envâ en infòrmeu lè justice.

Lo Monsieu e évu paou et l'e méricu sè bàcèle èva Jano.

Dans eune mohon, eune bàcèle, brâve bàcele;
Dous bàcèles, èssez d' bàcèles;
Treus bàcèles, trap d' bàcèles,
Quouète bàcèles et lè mére,
Cinq diâles conte i pére.

La vache de la veuve.

Roussette, lèche-moi! montre ta belle gueule!
Faut-il donc nous quitter et que je reste seule,

Moi, veuve sans secours, avec mon pauvre enfant,
Nourri par le lait pur de ton pis abondant !
Ce jour-là, jour de deuil ! dans le cercueil du père
Mieux valait mettre aussi l'orphelin et la mère !
Nous t'éloignons, c'est vrai, mais non pas sans raison.
Depuis que Dieu m'a pris l'appui de la maison,
Avec la triste mort la faim blême est venue.
Tu le sais, c'est pourquoi, pauvre ! je t'ai vendue ;
Nous n'avions plus de pain, plus rien dans le fournil,
Point de regain, ni foin, pour toi dans le fenil,
Tu maigrissais, hélas ! ô ma belle Roussette !
Sans te plaindre jamais de l'affreuse disette.
Vincent va t'emmener chez ton maître nouveau,
Il est le plus cossu des fermiers du hameau,
Heureuse tu vivras à l'abri de son chaume ;
Il est humain et bon, c'est une crême d'homme.
Si l'on te soignait mal, va ! va ! je le saurais,
A ton maître aussitôt je le reprocherais.
Roussette, lèche-moi, montre ta belle gueule !
Il faut donc te quitter et que je reste seule ! —
Voilà ce que la veuve à sa vache disait,
Puis de l'étable alors, la Roussette sortait.
Elle cheminait triste et la tête baissée
Comme si de son sort elle était occupée,
Et le petit Vincent, la vache et le mâtin
De la ferme, à grand pas, gagnèrent le chemin,
Et la veuve debout sur le seuil de la porte
La regardait partir, pâle comme une morte.

Lè Vèche.

Lo poure grant Chan queuque tems d'vant Pàques aleut so confesseu et qua l'e étu d'vat l' guinch'lat :

— De qué ç'a que ve v'écuseuz? li dit l'préte.

— J'ä treveu — e r'pondu grant Chan — eune coûde lè long
don chèmin.

— Et qué ç'a qu' v'en éveuz fä?...

— Mo Pére je l'ä ouèdeu.

— Alans ç' n'a rien continueuz.

— Mä au bout d'lè coûde i n'y éveut eune vèche...r.

L'œuf d'ânesse.

Un jour on fit croire à Jean, le Finaud, que, pendant le mois
d'août, on vendait au marché de Cavaillon.... des œufs d'ânesse
et qu'il en naissait des ânons.

—Nous ferons couver —se dit Jean —et nous aurons, peut-être,
un ânon ou une jolie petite ânesse. Au reste, un âne de plus à la
ferme ne sera pas de trop.

Ce disant, il enjamba son bourricot et le voilà parti pour Cavaillon. Dès arrivé il établa sa bête et se mit incontinent à la re-
cherche d'un marchand d'œufs d'ânesse. Le premier qu'il aborda
était un apothicaire.

—Brave Monsieur, excusez si je me trompe.... ne vendriez-
vous pas, par hasard, des œufs d'ânesse ?

— Si, mais il faut la traire, dans un instant ce sera fait....

—Nous ne nous entendons pas.... Monsieur, je vous demande
un œuf d'ânesse.

— Un?...

— Un œuf d'ânesse — il est peut-être sourd.

— Oh! je comprends. Je les ai tous vendus, mon pauvre agneau! j'en attends ; si vous n'êtes pas trop pressé, dans trois jours....

— Combien se vendent-ils ?

— Plus ou moins, selon la qualité.

— C'est bien! adieu, merci, excusez si je me trompe.... et il fila. Tout en filant il rencontra une femme qui criait : — Les beaux œufs ! qui achète mes œufs?

— Brave femme — lui dit Jean — excusez si je me trompe.... vous qui vendez des œufs, ne connaîtriez-vous pas, par ici, un marchand d'œufs d'ânesse ?

— De...?

— D'œufs d'ânesse.

— Oh! mon bel innocent! vous voulez des œufs d'ânesse ? vous êtes dans une ville des mieux fournies.... tenez, marchez tout droit devant vous. Quand vous serez au bout de la rue, en face le marchand de sabots, vous tournerez à droite, puis à gauche, enfin encore une fois à droite.... et vous demanderez.

Jean suivit cet itinéraire et tomba devant la maison Cougourdan. Le propriétaire fumait, en ce moment, tranquillement sa pipe devant la porte.

— Brave Monsieur, excusez si je me trompe, ne seriez-vous pas un marchand d'œufs d'ânesse?

Et Cougourdan qui est un gouailleur et fait le commerce de melons :

— Vous tombez bien, mon ami — lui dit-il — c'est chez moi qu'on trouve les meilleurs.... ils se font ici même, sous mes yeux, et je sais ainsi ce qu'ils tiennent et ce qu'ils valent. Je ne donnerais pas pour cent louis d'or l'ânesse qui me les fait. Il n'en reste pas un. Ah! il en est sorti des ânes de cette boutique! et ma fri! il en sortirait un beau, si, quand vous partirez.... vous emportiez l'œuf que je vais vous donner. Entrez, nous choisirons dans le tas.

Et Cougourdan empoigna un de ces melons blanchâtres, lisses et luisants.

— Tenez! voici ce qu'il vous faut; pour peu que vous soyez bon couveur, il éclora bientôt. Deux jours et deux nuits, cela suffit. Vous le mettrez coucher avec vous : votre chaleur naturelle va vous donner un âne, Monsieur, un âne qui aura l'œil vif, le pied leste et le poil luisant.... c'est moi qui vous le dis....

— Combien en voulez-vous?

— C'est six francs que je les vends ordinairement; mais, tenez, ne marchandons pas, car les paroles longues font les jours courts; donnez-moi cinq francs et n'en parlons plus... Je veux que vous reveniez me voir. Vous ferez bien attention de ne pas le casser et vous le tiendrez bien chaud....

— Suffit! vous êtes un brave homme; excusez si je me trompe.

Et Jean prit l'œuf, le paya, bâta son bourricot et partit pour son pays, joyeux et content, serrant l'œuf précieux sur sa poitrine et tenant la bride de son âne de l'autre main! — Sera-ce un âne ou une ânesse? — se disait-il. Il m'a dit que ce serait un âne; mais une ânesse serait tout de même. Elle me ferait des œufs et ils se vendent bien, comme je m'en aperçois, et hop! hop!

Mais, ah! beau bon Dieu! à une petite demi-heure de Cavaillon, à la descente, tout près de la croix de bois, la bourrique eut je ne quelle lubie, peut-être eut-elle peur de l'ombre de ses longues oreilles, toujours est-il qu'elle se mit tout à coup à ruer, sauter et gambader comme un cabri, si bien que Jean dégringola de sa monture. Heureusement qu'il tomba sur son derrière ; le derrière n'a point de dents…. tout alla donc pour le mieux.

— Mais l'œuf? me direz-vous.

— L'œuf, aïe, aïe, aïe, l'œuf roula et alla se crever contre une grosse pierre et le hasard fit qu'au pied d'un buisson voisin gîtait un lièvre !…. le lièvre épouvanté partit comme un éclair.

Jean était en train de se relever. Il vit le levraut prenant de la poudre que vous savez…. il aperçut ses longues oreilles :

— Ah ! malédiction ! — cria-t-il, tandis que son âne se vautrait dans la poussière de la route — il était bon ! le joli ânon ! et comme il court ! si, au moins, il connaissait le chemin de notre étable !…. maudit sort ! on me le volera ! et mes beaux cinq francs ! allons ! puisqu'il le faut, retournons à Cavaillon.

Et Jean, le Finaud, enjamba son âne, tourna bride et alla revoir Cougourdan.

Adieu.

Quand le soir je jette la fleur,
Qui depuis le matin cueillie,
Pauvrette ! est à moitié flétrie,
Au cœur j'éprouve une douleur.
A notre meuble le moins rare,
Comme moi, devenu trop vieux !…
Quand il faut que je m'en sépare,
En pleurant je fais mes adieux.

Adieu ! je ne sais rien de pire
Que ce mot… redit trop souvent,
A l'ami mort ou bien vivant.
Chaque fois qu'il me le faut dire,

Soit en patois, soit en français,
A ce lieux doux mon cœur aspire,
Où l'on ne le connût jamais.

***

Lo moché d'èm'lette.

I jane gaichon conduheut in aivule d'oche en oche po d'mandeu lè chairité. Eune béle jonâye l'ont airiveu dans cune ferme, jusse dans l' mament que lè fermière roûteut de d'dans lè pèlate eune bone èm'lète au bacon que senteut boin è pus trente pès, mes poures gens! L'aivule et lo moinnou devèiint des nérèles grousses comme lo pogne et tot les douss' sans pède de temps. — Bailleuz iâque au poure aivule, po l'aimour de Dieu.

Lè mâtrasse qu'ateut eune bone chrétiene e coupeu eun' bone pâ de l'èmelète et prècop ele l'é bailleu au piat éva i groûs moché d'pain. Lo piat e aus'toout foureu lè pâ d'èm'lète dans sè male et e bailleu l'pain et l'aivule.

Das qu' l'ont évu toneu l'quairt de lè mohon lo vieuss' e dit è l'afant :

— Baille-me lo moché d'èm'lète, qu'i n' to faiyesse me ouaite.

— Qué qu' ve pâleuz d'èm'lète? — e dit lo piat droûle — je creus que v' raidoteuz.

— Ah manre afant! lè mâtrasse ne t'en e me bailleu i moché?

— P'âmoins ç'a lè moûde toceu que les genss' nos baillinssent de l'èm'lète.

— J' lè sens.

— V' lè senteuz? ve ne voyeuz m' donc que lè Gogote en r'tireut eun' de lè pélate et qu' ve l'éveuz ica dans l' nez.

— Ah! jane de meche te n' vaux m'i dobe.

Eprès s'aouo ica i pou harpoyeu l'ont r'prins lo chèmin, inque

moinnant l'aute sans pus rien dire. Mâ lo piat mauvâ droûle qu'é-
veut ouaideu su s' queur lo supçon de l'aivule charcheut dans sé
téte i mayen d' li proven s'n inôcence, qua chèmin faiyant i s'e
treveu i ru éva i grous tac de sau de l'aute côté et lo piat e houyeu
è l'aivule :

— Sauteuz, val i ru.

Lo pour' aivule prend s'n alan, saute.... et s'braye lo nez conte
lè sau.

— Ah ! chin de p'ché ! a-ce que te n' poveus mo dire qu'i n'y
éveut in arbe devant me.

Lo droûle e r'pondu en faiyant l'étoneu :

— Tiens ! vos qu'éveuz i si boin nez po sente les ém'lètes, coment
s' fà-t-i que n'euz m' senti lè sau.

J' conas i boin r'méde po mauyeules bongnes . ç'a d'li creveu
l'aute œil.

De la transfusion du sang.

Il est peu d'opérations qui soient aussi certaines de sauver la vie
d'un malade que la transfusion du sang, et qui offrent un manuel
opératoire plus simple et plus exempt de danger.

Un homme atteint, tout à coup, d'une hémorrhagie grave, gît
sur son lit ; sa respiration devient anxieuse, sa face pâlit, son pouls
est à peine perceptible. Ses parents épouvantés l'entourent, s'attendant, d'une seconde à l'autre, à lui voir rendre le dernier soupir.

Enfin, le médecin tant désiré arrive. Après un court examen, il
déclare qu'une opération peut sauver le malade.

Chacun offre volontiers son sang pour atteindre ce but. Il s'en-
suit une courte opération, et soudain la scène change comme par

enchantement. Une nouvelle vie coule dans les veines de celui que l'on croyait inévitablement perdu :

Ses joues reprennent leur couleur rosée, le pouls se relève et les organes internes reçoivent un sang nouveau et frais. L'homme est sauvé !...

Combien la méthode opératoire est facile, et combien simple est l'appareil ! Il se compose d'une seringue (au besoin toute seringue est suffisante), d'une pince et d'un bistouri.

Tous les médecins peuvent être appelés, d'un moment à l'autre, à pratiquer cette opération. Ici point de retard, point d'hésitation, car le péril augmente à chaque seconde et la vie d'une personne dépend de la pointe du bistouri.

Cette opération satisfait, en outre, le médecin. En effet, quelle plus belle récompense pour lui que celle d'arracher des bords du tombeau un pauvre malheureux !

Cette opération, pour arriver à la place qu'elle occupe de nos jours, et qu'elle occupera dans l'avenir, eut à subir des phases bien diverses.

Il existe quatre méthodes de transfusion : 1° la transfusion avec du sang défibriné ; 2° avec du sang non défibriné ; 3° la transfusion immédiate de veine à veine ; 4° la trasfusion immédiate d'une artère à une veine.

Laquelle de ces quatre méthodes et la plus sûre?

Nous croyons qu'elles peuvent être employées toutes quatre avec des chances à peu près égales.

Il y a quelques mois que la méthode immédiate fut pratiquée à Naples, avec un plein succès, sur une femme gravement anémique.

La carotide d'un agneau vivant fut mis en communication avec la veine du bras de la jeune femme, à l'aide d'un tube de gomme élastique, muni à chaque extrémité d'un petit tube en verre, dont l'un fut fixé dans l'artère de l'agneau et l'autre dans la veine de la malade.

La force d'impulsion était représentée par les battements du cœur de l'animal vivant, et la continuité du courant maintenue par l'élasticité des artères du même.

Le choix de l'agneau avait été fait de préférence à tout autre animal à cause de la petitesse des globules du sang destinés à pénétrer dans les vaisseaux capillaires, lesquels, chez les sujets anémiques, sont plus étroits que de coutume.

La malade, après avoir subi l'opération, trouva le repos qu'elle avait cherché en vain, et la guérison fut établie après un mois.

— Ceci doit se manger tout en buvant du vin,
Disait, à chaque plat qu'on apportait à table,
Le vieux Roger-bon-Temps, un ivrogne incurable,
A Jean Rébois, maçon, son jovial voisin,
Puis de se reverser une forte rasade....
— Eh ! compère Roger ! avec quel aliment
Ne bois-tu pas de vin ? réponds-moi vitement.
— Mais avec l'eau, mon camarade.

Lè vaccine.

— Lo Dôdiche ne v'leut me fàre vaccineu so gaichon.

— J' n'y à m' de confiance — d'heut-i.

— Eh ! poquè ? — li e d'mandeu sè fome.

— Poquè ? Te n' sais m' donc ç' qu'a airiveu l'aute semainne ? Lo Calin d' Téténe e fà vaccineu so pus vieusse et treus jonàyes éprès l'ateut môout.

— Couche-to donc ! ç' n'a m' poùssibe !

— Aïe ! l'e v'lu panre i nid d'aiguièsse su i popli, l'e chu en baiche et i s'e touo su l' côp ! è ç'te houre faiyeuz vaccineu vas afants !

⁓⁓⁓⁓⁓⁓⁓

Lè guiân'rasse.

Oh ! qué chalou ! lo ciel a pur !
I n'y e péchonne dans lo v'laige ;
Les sious sont tout' è l'ovraige
Po coupeu lo bié qu'a fin mùr.

De veur les genss'-lè ç'a piâhi !
Su zous pour's doous lo s'la fà raige.
I sont en auoue : oh ! qué coraige !
Mà l'maitin l'ont bu chach, ma fri !

Pè lè eun' odile mègnèye,
Tot' trembiante chut so chèmin.
Dans lè touye, aictive fremin,
Ele guiâne don grain por leye.

Laiche cheur, ô brâve gaichon,
Quèques pômes de lè jaivelle
Po lè gérbe de cett' bacelle
Et Dieu benireu lè mochon.

⁓⁓⁓⁓⁓⁓⁓

Un enterrement bizarre.

Un journal américain racontait dernièrement l'enterrement d'un singulier personnage.

En voyant les riches tentures du char funèbre, le long cortége de parents en carrosses dorés et blasonnés, de nombreux domestiques, ainsi que la foule immense qui accompagnait le défunt au cimetière, il ne serait jamais venu à la pensée de personne qu'on allait ensevelir, avec tant de pompe.... un requin long de deux mètres.

Voici la clef de l'énigme:

Un certain baronnet devenu riche à millions par l'héritage d'un duc, son oncle, était contraint, par une clause du testament, d'épouser une de ses cousines, habitant Singapore.

Il partit donc pour l'Inde, fut cordialement accueilli de sa fiancée, belle et douce comme un ange, et en devint éperdûment amoureux.

Il fut décidé, d'un commun accord, que la cérémonie nuptiale aurait lieu en Angleterre, et le couple amoureux s'embarqua sur le *Southampton*.

A la hauteur de Ceylan, une tempête furieuse se déchaîna sur l'Océan, et le navire fut brisé contre un écueil. Tout l'équipage trouva la mort dans les flots irrités. Seuls les deux fiancés parvinrent à saisir une planche de salut.

Deux jours après, un steamer recueillait à son bord l'unique survivant du désastre du *Southampton*.

C'était le baronnet qui, accroché à un tronçon de mât, scrutait d'un œil hébété les abîmes de la mer.

Il fallut employer la force pour l'en arracher.

— Vous croirez maintenant à la métempsycose? — répétait-il d'un air émerveillé — elle est là! là! dans les profondeurs inexplorées de l'Océan!... elle est la reine des poissons!...

Inutile de dire que le malheureux était devenu fou en voyant sa fiancée engloutie par les vagues.

Dès ce moment le baronnet se mit à parcourir sur son yacht les mers des cinq parties du monde, pêchant continuellement dans l'espoir de retrouver sa fiancée, la reine des poissons.

Mais parmi les milliers de poissons qu'il avait pris il n'avait pas encore découvert la reine de l'humide séjour.

Cependant, un jour, en s'éveillant, il déclara avoir vu en songe la fameuse reine dans la mer des Indes : et de mettre immédiatement à la voile pour Singapore ; après deux mois de traversée, le *yacht* arrivait dans le golfe du Bengale.

Un beau matin, le soleil se leva pour illuminer l'Océan immobile comme une immense émeraude dans laquelle on aurait incrusté des saphirs et des diamants ; pas un souffle de vent n'en ridait la surface.

— Les filets à la mer ! les filets à la mer ! — s'écria tout à coup le baronnet en indiquant de la main un endroit — la voilà ! la voilà ! la reine des poissons ! oh ! comme elle est belle !

Les matelots ouvraient de grands yeux sans rien apercevoir.

— Là ! là ! voyez ! — continua le fou d'une voix affectueuse — elle a des écailles d'or, des nageoires de rubis, des yeux de diamants noirs !... ah ! elle fuit !... à moi !... Le baronnet s'était jeté à l'eau.

Un spectacle horrible s'offrit alors aux yeux des marins consternés ; un requin s'élança sur le malheureux, lui arracha un bras et l'emporta.

Le baronnet disparut pour toujours.

Les hommes de l'embarcation saisirent le requin avec des harpons et le conservèrent dans un baril d'alcool pour transporter en Angleterre les restes mortels du pauvre fou.

C'était précisément le requin qu'on ensevelissait dernièrement à Littlethampton avec une excentricité toute britannique.

La Jungle.

La *Jungle* n'est pas encore la forêt, mais ce n'est plus la plaine. Les arbres sont toujours éloignés l'un de l'autre et y atteignent en toute liberté des hauteurs prodigieuses ; les lianes qui grimpent autour de leurs troncs gigantesques les lient entre eux.

Le manguier lance bien haut les ramifications de son panache touffu ; le tamarinier baigne ses feuilles dans les eaux dormantes des étangs infectés ; le mancenillier offre, en vain, aux oiseaux le repos mortel de son feuillage d'émeraude, et sous le vaste ombrage du tallipot se divertissent les écureuils et les singes, tandis que le léopard, accroupi sous les joncs, guette le cerf au passage.

Au milieu des sentiers à peine tracés l'œil découvre parfois, immobile comme un rameau sec, la vipère noire et le crocodile, paresseusement étendu sur l'argile des bords du fleuve, abrité par les paletuviers.

Quelle mélancolie s'empare du cœur à la vue de cette imposante végétation ! on sent que ces voiles luxuriants de verdure, aux teintes si douces et si harmonieuses, ne sont que des suaires pour tous les êtres humains.

Aux parfums âcres et pénétrants de ces fleurs aux brillantes couleurs, le cerveau s'alourdit. Les lèvres se dessèchent sous les baisers de cette atmosphère lourde qui vous enivre.

Cette vie si riche, si pleine du suc des arbres et des plantes, c'est la mort de l'homme.

L'araignée et le ver à soie.

Un Bombyx faisait son cocon :
— Oh ! de ce gros bêta qui se met en prison !
Pourquoi n'imites-tu ma toile douce et frêle ?

Dit l'Araignée — allons, tu nous viens de Canton,
Ou de Pékin, c'est sûr; ô ver! c'est à Bruxelle
  Qu'il faudrait prendre une leçon,
Pour, comme moi, filer une riche dentelle.
  Dame araignée avait raison :
Aucun ne fit jamais une œuvre aussi subtile;
Mais quelque chose manque à la menteuse habile,
  Et ce n'est pas la vanité,
  Bien plutôt la solidité.

Fiauve.

Eune vaye, i n'y e de ç'lè béle lurète, i vieux cosson d' Fioco, qu'an houyint l' Chan Griboille, paisseut éva sè hate, pendant lè grant semainne, d'va l'motin de Bèchy, dans l'mament qu'an-z-ouyint eune grousse voué que faiyent grûleu les muches. L'e entreu po veur ç' qu'ateut airiveu. Ç'ateut l' préte que dans lè chire è preûcheu faiyeut fu et fième conte ses pairouèssiens pèce qu'i n'alint m' éssé sovent s' confesseu.

Dans l' temps-lè (i faut beun lo dire) les fomes de Bèchy atint austant gentilles et saiges qu'è ç'te houre, mâ les homes aimint m'cheu lo vin que l'auou benite et ne so folint ouâ les genès è lè masse.

Ausseu lo boin préte i en faiyeut-t-i des reproches piquantes.

— Mes frères — d'heut-i mout fôcheu — votre mauvaise conduite vous coûtera cher, Dieu vous punira, l'enfer s'ouvre devant vous....

Et les fomes de brâre et les homes de baichieu lè téte comme des capons.

— Oui, vous serez tous damnés !...

— Je sus d' Fioco me — e boyeu Chan Griboille — j' m'en fous !

Lo-ci que s'couche éva les chins
So leuve éva les puces.

Le vin de maître Boileau. *

> Qu'ils sont friands, tous ces notaires !
> Des creusets de Vatel ils sondent les mystères.

Oh ! la bonne farce qu'on joua à Maître Boileau, notaire à Caca-fouia, le jour de son mariage.

On disait, dans le canton, que Maître Boileau aimait mieux le vin que l'eau.

Mais il y avait dans son étude quatre clers qui aimaient moins l'eau que le vin.

Notre tabellion hébergeait ses quatre ratons ; c'était l'usage à cette époque.

Nichon, la vieille gouvernante, leur faisait la popotte. Il y avait deux tables : l'une plantureusement pourvue, dans la salle, pour le patron ; l'autre frugalement servie, dans la cuisine, pour Messieurs les clercs — pommes de terre et lait caillé composaient toute la pitance.

Sur la première table le vin coulait en abondance, sur l'autre.... c'était l'eau.

Si, par hasard, la porte de la salle restait entrouverte pendant le repas, nos quatre Tantales jetaient des yeux convoiteux sur les flacons vermeils qui se dressaient coquettement sur le couvert du patron, et se léchaient piteusement les lèvres.

Aussi mettaient-ils leur esprit à la torture pour trouver moyen de goûter un peu le bon vin de Maître Boileau. Mais bernique !... la cave était toujours soigneusement fermée et la clef reposait dans la poche du notaire.

2.

Maître Boileau était arrivé à la cinquantaine sans être trop dégoûté du célibat.

Un beau jour cependant, la marotte du mariage le prit. Comment lui vint cette marotte et quelle Dulcinée la lui inspira? Je n'en sus jamais rien.

Toujours est-il que, le jour de la noce, le petit Félix, le plus endiablé de la bande, dit à ses collègues : — Vous savez bien le fameux baril de vin de Guintrange, dont le patron doit régaler les gens de la noce. Eh bien! ils s'en frotteront le museau. J'ai trouvé la pie au nid, c'est-à-dire, pour parler sans métaphore, comme dirait papa Marsloff, que j'ai chipé la clef de la cave dans un tiroir de l'étude.

Comment Maître Boileau avait-il pu oublier ainsi cette clef?

Mais quand on se marie ne perd-on pas un peu la boule?

Quelle chance donc pour les quatre chenapans, de pouvoir enfin se donner une bonne culotte de vin de Guintrange, la perle du crû!

— Ah! vous nous le plaignez, patron, ce bon jus de la négresse! eh bien! nous serons plus grands et plus généreux que vous? — se dire les quatre basochiens — à la cave! à la cave! et le baril fut mis en perce et promptement vidé.

Le petit Félix eut alors une idée drôlatique.

— Nous allons bien rire ! — dit-il — il nous faut maintenant remplir le baril avec de l'eau du puits, car il est juste que nous rendions à César ce qui appartient à César.

Aussitôt dit, aussitôt fait. Et tandis que les autres étaient à la besogne, notre espiègle s'esquiva et pénétra furtivement dans l'étude, puis redescendit avec un papier qu'il colla derrière le baril.

3.

Oh ! la belle tablée qu'il y eut ce jour-là chez Maître Boileau ! Le marié avait mis les petits pots dans les grands ! quel gala ! quels mets succulents ! et les vins ? vous pouvez bien penser que notre gourmet ne les avait point oubliés !... les félicitations pleuvaient sur la tête de l'amphitryon, lequel, heureux et satisfait, ne cessait de répéter : — Ce n'est rien, Messieurs ! ce n'est encore rien ! je vous réserve pour la bonne bouche mon nectar de Guintrange. Quel bouquet ! quel parfum ! un rubis pour la couleur ! vous m'en donnerez des nouvelles !

Les convives, alléchés par ces bachiques promesses, s'écrièrent en chœur : — Le Guintrange ! le Guintrange ! qu'on le boive à l'instant !...

— Diable ! diable ! Messieurs, comme vous êtes pressés ! dit le marié qui avait chargé son plumet aussi ; — mais puisque vous y tenez tant, on va monter le baril.

— Oui ! oui ! qu'on l'apporte ! — et le baril fut religieusement posé sur la table.

Alors Maître Boileau, d'un pas majestueux et d'un air grave et souriant, s'en approcha et tira le bondon.... mais abomination de la mystification ! le baril coula blanc ! tout blanc !... le fameux vin de Guintrange n'était que de l'*aqua cœli !*

Maître Boileau terrifié devint pâle comme un mort ; après avoir examiné le baril sur toutes ses faces, il trouva un papier collé, et tout le monde put lire :

> Le jour de la noce à Cana,
> L'eau, dit-on, en vin se changea ;
> Mais à la noce de Boileau,
> C'est le vin qui se change en eau.

Le miracle eut bientôt son explication.

Maître Boileau faillit mourir de colère et les clercs crever de rire.

Nos farceurs eurent cependant le bon esprit de prendre le large.

L'habit ne fait pas le moine.

Un de ces jours derniers, le souillon du château,
Profitant que ses gens étaient tous en voyage,
Ouvre l'armoire et prend une robe, un chapeau ;
Et soudain elle fait changement de plumage.
Lors la dame d'emprunt, en face d'un miroir,
Marchant à petits pas, comme un grand personnage,
Se trouve belle ainsi, prend plaisir à se voir.
Puis le démon trompeur de la coquetterie
Lui souffle incontinent que tous vont l'admirer.
La duchesse d'un sou, cédant à sa lubie,
Part aussitôt pour Metz et va se pavaner.
Mais le monde, en voyant sa grotesque tournure,
Se moque d'elle et rit, devinant bien le tour
Que sous ces beaux habits, cette riche parure,
Se cache la Nichon, fille de basse-cour.
Vous du pays Messin, filles de la campagne,
Pimbêches ne soyez comme votre compagne ;
N'imitez point ses goûts, ni ses fâcheux travers.
Un bonnet vous sied mieux, à rubans bleus ou verts,
Qu'un chapeau surchargé de fleurs et de fleurettes,
Qui vous fait ressembler à des marionnettes.

Noël.

L'ANGE.

C'est le bon lever, doux pastoureau,
Sortez de ce lieu champêtre ;

Venez, venez, dans ce hameau,
Voir Jésus, le divin Maître,
Sur le foin, entre deux animaux,
Où sa bonté l'a fait naître.

LO BERGI.

Ve mo preneuz po i manant,
De m' pâleu pairail langaige.
Je sus pour' mâ j'sus bon afant
Et j'à i boin pairentaige ;
Dans lo tems mo vieux père-grant
Ateut lo mâre don v'laige.

L'ANGE.

Berger, laissez votre parenté,
Adorez, dans ce mystère,
Un Dieu suprême en majesté,
En tout égal à son Père,
Revêtu de notre humanité,
Et né d'une Vierge-Mère.

LO BERGI.

Raisoneuz jusse, ne pâleur me s'tant
D'heuz qui-a-ce que v'ateuz, bé Sire,
Ateuz-v in Hébreu, ou in Alemand ?
Que vat jairgon mo fâ rire ?
Eune Vierge-Mére i Dieu afant ?
Nian, jémà j' l'à ouyi dire.

L'ANGE.

L'opération du Saint-Esprit
A formé ce grand ouvrage

Cet enfant, en tout accompli,
Est puissant, aimable et sage.
C'est lui qu'Isaïe avait prédit;
Allez donc lui rendre hommage.

LO BERGI.

Se ç'a vrâ j'envrâ d' boin maitin,
Je n'érâ-m' besan de cârasse;
Je panrâ eun' cheminche de lin
Et mo bé r'cha de lè nace,
Don lâssé de lè vèche et don boin vin
Eva eune fiousse môu passe.

L'ANGE.

A Bethléem, proche de ce lieu,
Vous verrez le roi des anges;
Vous le trouverez au milieu
D'une crèche et dans des langes.
La pauvreté de cet Enfant-Dieu
Mérite bien vos louanges.

LO BERGI.

Aus'tôout que je serâ airiveu,
Je sailuerâ l'aicouchaye,
Et, se po rien je sus détoneu,
Je gaignerâ mè jonâye,
Ca se lo piat je pieux voleu,
An pâleront de lè tonâye.

L'ANGE.

Ah! vous êtes trop ambitieux!
Vous parlez en téméraire.

Seriez-vous si peu généreux
Que de l'ôter à sa mère?...
Ravir un trésor si précieux,
Comment pourriez-vous faire?

LO BERGI.

Deva lê crape, tot bélement,
Je vrâ me couêcheu en hâte,
Je fiaiterâ beun lo piat afant,
Penrâ sè main mignonate,
Et pus, tot d'i côp, aidreutement
Lo matrâ d'zos mê roûbate.

L'ANGE.

Oh! allez donc voir, charmant berger,
Ce que votre cœur désire;
Allez, allez, d'un pas léger,
Vers Dieu, par qui tout respire;
Allez, ne craignez aucun danger.
Adieu donc, je me retire.

LO BERGI.

Hayans, hateuz-v', mo bé jouvenceau,
J' évans don chémin è fàre.
Mà se j' volans airiveu pus tôt
J' panrans l'àne de nat' màre
Que nos coudureu ch'que lo haimeau,
Çolê freu beun nate aifàre.

Le météore de la vie.

FANTAISIE.

Pauvrette ! elle a vécu ce que vivent les roses…

J'avais seize ans lorsqu'elle m'apparut pour la première fois. C'était, oh ! je m'en souviens, par une belle soirée de mai. J'étais sorti de la ville et m'en allais seul à travers la campagne, rêveur et inquiet. Depuis quelque temps j'aimais la solitude.

Je vis le soleil se plonger dans une mer de pourpre et d'or, les ombres descendre, les étoiles scintiller dans l'azur du firmament. J'entendis les roulades mélodieuses du rossignol résonner autour de moi.

La lune, qui s'était levée rougeâtre, semblait, en ce moment, se reposer, blanche et rayonnante, sur un divan de nuages. L'air tiède était chargé d'émanations enivrantes.

Je marchais, ouvrant mon âme à tous les enchantements de la nature, lorsque j'aperçus une troupe de jeune filles qui se tenaient par la main en chantant.

Elles chantaient en chœur le printemps et l'amour, et leurs voix se perdaient dans le silence de la plaine comme un lointain murmure de cascade.

Caché derrière une haie d'aubépines, je les vis passer, semblables à l'un de ces essaims d'ombres vaporeuses qui viennent la nuit autour des lacs pour former des danses légères, et s'envolent aux premières lueurs de l'aube.

Je distinguais, à la clarté de l'astre, leurs petites têtes blondes et brunes ; j'entendais le frôlement de leurs robes et j'aspirais à longs traits les odeurs mystérieuses qu'elles répandaient sur leur passage.

Quand elles eurent disparu, je me sentis saisi d'un malaise

étrange et je m'assis sur le bord d'une prairie qui s'étendait à mes pieds comme un océan de verdure.

Je cachai mon front dans mes mains et restai plongé dans une profonde méditation, en proie à des tressaillements étranges. Je sentais que mon cœur oppressé était près de se briser : il y avait en lui comme un flot comprimé qui cherchait à se répandre. Je criais, je pleurais, et dans mes larmes j'éprouvais un je ne sais quoi de voluptueux.

J'ignore combien de temps je demeurai dans cette extase.

Lorsque je me réveillai, je vis devant moi une créature céleste qui me regardait en souriant.

Une longue robe, plus blanche que la neige, tombait en plis gracieux le long de son corps, laissant sortir deux petits pieds nus. Ses blonds cheveux flottaient librement autour de son cou ; ses joues avaient la fraîcheur et l'éclat des fleurs qui couronnaient sa tête. Sur l'albâtre rose de son visage ses yeux brillaient comme deux pervenches écloses sur la neige aux premiers baisers d'avril.

Une de ses mains posait sur sa poitrine, tandis que l'autre semblait m'inviter d'un signe bienveillant. Je demeurai muet. Elle venait du ciel, sans doute, car sa beauté n'avait rien de terrestre et je voyais rayonner autour d'elle une atmosphère lumineuse.

— Qui es-tu ? — m'écriai-je, en étendant les bras vers elle.

— Ami — répondit-elle, d'une voix plus douce que le zéphyr d'été — je suis la fée que le roi des génies endormit dans ton sein à l'heure de ta naissance. Ce matin je dormais encore, mais je me réveillai aux premiers troubles de ton cœur. Ma vie est faite de ta vie, je suis ta sœur et je serai ta compagne jusqu'au jour où, arrachée de ton être, comme une fleur flétrie sur sa tige, je t'abandonnerai au milieu du chemin dont nous aurons parcouru ensemble la première moitié. Ce jour-là est proche. La rose qui ne vit qu'un matin est le symbole de ma destinée. Pour m'aimer, n'attends pas que tu m'aies perdue, car les plaintes et les prières seraient impuissantes à me rappeler. Hâte-toi! ma main n'est armée ni du rameau magique ni de la baguette enchantée, et je n'ai point d'autre ornement que les fleurs des champs mêlées à mes cheveux ; néanmoins, je te comblerai de plus de trésors que jamais fée prodigue n'en versa sur un berceau royal. Je mettrai sur ton front une couronne qu'un roi s'estimerait heureux de pouvoir acquérir au prix de son trône. Je te suivrai partout; partout tu sentiras mon influence féconde ; j'embellirai les lieux où tu passeras ; la nuit, je parfumerai ta couche; je donnerai mon âme à toute la nature, afin que chaque matin elle sourie à ton réveil. Apprends à connaître les biens que je t'apporte ; saisis-les avant qu'ils te fuient, touche-les sans les goûter, jouis-en sans les dissiper, pourvois-t'en pour l'autre moitié du chemin que tu devras parcourir sans moi. Ami, je te le dis, j'ai peu de temps à vivre, mais toi seul peux prolonger ma délicate et précieuse existence.

A ces paroles, comme un ange gardien qui se penche sur un berceau, elle inclina vers moi sa jolie tête blonde et je sentis ses lèvres se poser sur mon front. J'ouvris les bras pour la presser sur mon sein, mais la blanche apparition avait disparu comme un rêve.

N'était-ce pas un rêve?... Je continuai à parcourir la campagne, tantôt courant comme un insensé, tantôt me jetant sur le vert gazon que j'inondais de mes larmes; parfois je pressais sur mon cœur une fleur que je croyais sentir frémir et palpiter, ou bien j'étendais mes bras vers les astres et leur parlais un langage d'amour. Je sentais en moi un torrent de vigueur qui débordait de toutes parts et se répandait sur la nature entière. Je riais, je pleurais, je nageais dans une mer d'inénarrables félicités.

Quand l'orient commença à blanchir, il me sembla assister, pour la première fois, au réveil de la création. Mon cœur se gonfla, j'aspirais l'air avec orgueil et je crus pour un instant que mon âme se dégageait de son enveloppe terrestre pour s'envoler libre et légère à travers l'espace, parmi les vapeurs que le soleil naissant détachait des collines. Du haut de la montagne où j'étais arrivé, je mesurais l'horizon d'un regard dominateur. J'étais le maître du monde.

2.

Je n'avais pas trente ans encore, quand elle m'apparut pour la seconde fois.

Ce fut un soir d'octobre ; comme l'autre fois, je m'en allais à travers les champs, inquiet et pensif sans raison.

Le ciel était voilé, une bise froide faisait tomber les feuilles jaunies, la campagne était désolée. Je cheminais tout en mêlant ma mélancolie au deuil de la nature.

Tout près d'une haie desséchée, je vis passer deux vieilles femmes, courbées sous le poids d'une charge de bois, provision d'hiver, qu'elles emportaient dans leurs pauvres chaumières.

Etrange souvenir ! bizarre coïncidence ! dans ce même lieu j'avais vu passer jadis, dans le mois de mai, une joyeuse troupe de fillettes qui chantaient en se tenant par la main. J'avais seize ans alors et le buisson était fleuri. Je cachai ma tête dans mes deux mains et, jetant par la pensée un regard en arrière, sur les jours écoulés depuis cette soirée de mai, je tombai dans un ennui profond.

Lorsque je levai la tête, j'aperçus devant moi une figure pâle qui me regardait tristement. C'était encore elle !... mais si changée, que j'eus du mal à la reconnaître.

Elle n'avait plus autour d'elle cette atmosphère lumineuse qui l'entourait à sa première apparition. Une robe en lambeaux laissait à découvert son sein livide ; ses pieds étaient ensanglantés ; ses bras pendaient sur ses flancs amaigris ; l'azur de ses yeux était pâle et languissant ; les larmes avaient creusé des sillons dans ses joues blêmes. La malheureuse se soutenait à peine et, comme un lis sur sa tige brisée, elle paraissait s'incliner vers la terre.

— Que me veux-tu encore ? — lui demandai-je.

— Ami, l'heure de la séparation a sonné ; avant de te quitter à jamais, j'ai voulu te faire un éternel adieu — ajouta-t-elle d'une voix plus lugubre que le vent d'hiver.

— Va ! va ! fée mensongère, qu'as-tu fait pour moi ? où sont les biens que tu m'avais promis ? où sont les trésors que tu devais semer sur mon passage ? qu'est devenu le diadème que tu devais poser sur mon front ? ma tête n'a porté que la couronne d'épines. Ah ! s'il est vrai que tu m'aies suivi partout et que j'aie subi ton influence, va-t'en et sois maudite, car tu dois être le génie du mal !

— Non ! je ne suis pas le génie du mal — me répondit-elle avec mélancolie — ni l'esprit de la douleur ; mais il est dans la destinée des hommes de ne me connaître qu'après m'avoir perdue.

Ami, tu fus ingrat comme tes frères ; tu m'accuses, moi je te plains. Dans un instant tu me connaîtras et tu voudras alors me ravoir, ne fût-ce qu'un seul jour, telle que tu me vis pour la première fois. Tu me demandes où sont les biens que je t'avais promis ?... j'ai tenu ma parole, mais tu as méconnu mes bienfaits. Pour diadème je t'avais posé sur le front la fraîcheur, la splendeur et la sérénité d'une matinée de printemps. Je t'avais donné l'amour, la foi, l'espérance et l'illusion. J'avais rendu ta pauvreté si belle et si riante que le plus grand potentat de la terre l'aurait changée contre son palais et son opulence.

Quand tu marchais, j'éveillais autour de toi la sympathie et la bienveillance ; tu ne rencontrais que regards fraternels et mains amicales ; le ciel te souriait, la terre elle-même fleurissait sous tes pas. Réponds à ton tour : qu'as-tu fait de mes dons ?... qu'as-tu su conserver de tant de félicité que je semais le long de ton sentier?

A ces dernières paroles une lumière tardive éclaira mon intelligence. Le voile tomba de mes yeux et je demeurai frappé d'épouvante en voyant clair dans mon cœur.

— Je te retiens, oh! ne me fuis pas! — m'écriai-je d'un ton suppliant — rends-moi l'amour et l'illusion! rends-moi la foi et l'espérance! fais que j'aime et que je croie, et, qui que tu sois, je te bénirai en mourant.

— Hélas! — dit-elle — c'est moi qui m'achemine vers la mort! ne le vois-tu pas? regarde moi, j'ai souffert; je ne suis plus que l'ombre de moi-même; un mal inconnu me consume; un souffle dévorant a desséché mes os et tari dans mon sein les sources de la vie. Touche ma main et tu sentiras le froid de la mort.

Cruel, tu m'as tuée avant l'heure! j'ai usé mes forces à te suivre; en vain je te demandais grâce; tu me criais : — Marche! et je marchais. Si nous rencontrions quelque asile parfumé, quelque oasis mystérieuse, en vain je te disais : — C'est ici que nous devons planter notre tente! — Tu continuais ta course à travers les sables arides. Ingrat! je t'aimais et je te suivais.... aujourd'hui je ne le puis plus; mon sang ne circule plus, mon regard est trouble, mes genoux fléchissent.... ouvre tes bras, presse-moi sur ton sein; dans ton cœur je reçus la vie, sur ton cœur je veux mourir.

— Tu ne mourras pas — m'écriai-je en ouvrant mes bras pour la recevoir—mais, créature étrange, qui es-tu donc? parle! qui es-tu?

— Je n'existe plus — dit-elle — je fus ta jeunesse!

A ces mots, je voulus la saisir, mais elle s'était évanouie comme une ombre.

J'aperçus à terre quelques fleurs fanées, tombées de sa chevelure ; je les ramassai toutes, mais aucune n'avait conservé son parfum.

Oraison à Saint-Roch.

— Habitant du séjour céleste,
A ton chien je promets deux pains,
Si tu veux nous rendre la peste
Et nous ôter les médecins.

Mè Lourainne.

Oh ! que l'a béle mè Lourainne !
Que lo sla r'lit, que l'ar a frahe,
Que l'e mins so bé manté vahe,
De märguerites tot bradeu
Et de vialattes pèrfumeu.
Come eune farote bäcèle,
Que so rouäte dans so mirouè,
Ele sorit de s' veur si béle.
Et tot èvau lè douce vouè
Don rouèssignôl, de l'alouatte,
De l'alondrèle et d'lè fauvatte
So fä ouyi po nos convieu
È lè grant' fète don boin Dieu.

L'a 'ca pus bèle mè Lourainne
Qua les mohons sont roch's et passes,

Que les moh'nous, les mohen'rasses,
Vonnent jayoux, das lo maitin,
Coupeu les pômes que jambeillent
Com' se l'atint pienn's de boin vin ;
Qu' les sär'mans entudis craqueïent
D'zos lè chaîhe des neurs rehins,
Qu'an-z-empoùtent pè tandelins ;
Qua les groûss' branches sont piaiäyes
D'zos les peum's et les pouèrès daräyes.
Bone mére, è tos ses afans,
El' baille des viv's aibondans.

L'a mainme béle, mè Lourainne,
Qua l'uvèr neur l'e entaquieu
Dans lè nôve, embiaoutant lincieu,
Come l'ovri qu' e trèvailleu
Durant tot' lè grante jonäye,
Ele so repoûse, épuisiâye
Et r'prent des foûrces p' l'aute ainäye.

Les vingt louis d'our de Monsieur l'curé.

An m'ont dit qu'eune vaye lo curé d'i v'laigge (i diemanche en
prèûchant) faiyeut fu et fieume de sè langue et d' ses brès.

I v'leut proveu net et quiér, és gensses que l'écoutint qu'èprès
lè vèye-ce, que n'a m' lè *véritâble*, i n'y en e eune aute ouèyou
qu' se je l' méritans je s'rans tojo ogrous.

— Mes frères — d'heut-i — lè preuve que j' n'atans m' fà po
l' monde-ce ç'a qu' péchonne n'a content de s'soûrt. Çolé a eune
vérité pus vieuille que lo s'la. Po éte ogrous et content i n' manque

tojo iâque. Voyans, qui-a-ce lo-ci d'enter vos que m'écouteuz, pieut s' dire ogrous et content? Péchonne! — et pus d' fâre aleu ses brès.

J'on r'péte, péchonne! et se ç'lè n'a m' vrâ, jo vieux péde vint louis d'oûr. T'neuz, j' les promats et j' les baillerâ. Vint louis d'oûr è l'home ou è lè fome que dans treus jonâyes vienreu au presbytère mo dire et m' proveu qu' l'a content, que l'a ogrous et qu'i n' désire rien.

Point d' lonjou! d'hans vit'ment qu' les vint roussels fayint piâhi et envèye è pus d'inque et qua l'ont soûrti don motin l'érint tortot v'lu les empogneu.

C'a que vint louis d'oûr ne s' treuvent me dans lè pèssâye d'i ch'vau et po gaîgneu trente sous hônêtrement i s' faut d'chorieu lè pé! mà chaiquin saiveut c' que boilleut dans so t'pin et senteut ouèyou que cè l' grateut.

Lè preminre jonâye péchonne ne s'e montreu au presbytère, ni lè dousieme, mà lè treuhieme d'va lo s'la m'ssant i boin vieusse s'e presenteu.

— Ah! ç'a vos, brâve Mâte Eloué — i e dit Monsieu l' curé.

— Ça me, qué ç'a qu' ve v'leuz, Monsieu l' curé, j' mà d'cideu è v'nin ca.... j' creus qu'jà ouaîgneu les vint louis d'our et j' les viens quouère.

— Ça bien tant mieux, m'n aimin? v'ateuz donc mou ôgrous.

— Come i p'chon dans l'auou, Monsieu l' curé. J'à septante ans paisseu et j' sus dreut comme i pèché; j'à tortot mes dents, vouèyeuz putôt. Je n' dreume me trap, je mainge beunet j' bouos pur — lo boin vin fà lo boin sang et pus an dichent que ç'a l' làcé des poures vieusses; — j' n'à point d' malaidèyes, j' vos freus des entrechats come è vint ans!... Se j' sus ôgrous! mè poure fome a

moûte_d'vant Dieu seut-elle — mo feu a aitâbli, j'â mairieu mè
feuille et i sont è zout âche tot les dousse.

— V'euz-t-i tortot dit, Mâte Eloué?

— Qué ç'a que je v' direus ica? j' sus honêtre, j' pieux paisseu
t' t'évau lè téte haute. De religion j' n'en a m'trap, mâ j'en a èssé
po n' point péde mon âme (lo grant Saint-Eloué m'en ouaidessè!)
et, ma fouo, l'èté j' charche l'ombe et l'uvér lo sla se l'a boin et
qua i picut j' sus au couo.

— Mâte Eloué?

— Monsieu l' curé?

— J' sus mou fâcheu d' v'on dire, v' n'ateuz-m' content d' vate
soûrt.

— C'ment qu' ve d'heuz?

— Ah! couheuz-v', mo brâve home, se v'atinz content d' vate
soûrt, ve n'érinz rien è sohâteu.

— Et pus éprès!

— Eprès..... les vint louis d'oûr ne v'érint m' fâ envèye et ve
n'érinz venin les quouère.

<div style="text-align:center">~~~~~~~~~</div>

Lè Saut'rèle.

Lo ché don piat Jeson de foin a trap chaihieu,
Ses grous et fourts chevaux ont lè queum pien lè boche
   Et ne ne picunent pus aivancieu.
Lo piat Jeson, de colère, a tot roche ;
Su zous doous sè corjàye i fâ rud'ment pateu,
I so demoinne, i boye et jeur' come i dôneu;
Mâ maugré tot ses côps, ses jer'ments, ses boyâyes,
   Lo ché d'marc enhateu,
Ca les bétes sont nant' et tortot échofiâyes.

Eun' saut'rèle, po l'cop; qu'ateut su lo jarhon,
  S'mat è rir' saute baiche
Et dit : — I m'faut tirieu de poinne lo Jeson,
En d'minuant és ch'vaux lè trap pesante chaîche.
  Su ç'lè lo ché e aivancieu.
— Ah! — dit lè saut'rèle chairmâye,
— De me te t' sovienrés chèrtieu,
Ca, se j' n'éveus sauteu en baich' de tè chérâye!...
Mâ, vès-t-en, t' n'és m' besan de mo remercieu.

Respect aux oiseaux.

Aux petits des oiseaux Dieu donne la pâture.

Le premier chant des oiseaux annonce le réveil de la nature et nous amène les jouissances du printemps.

Quand, après le triste hiver, les tièdes rayons du soleil font sentir leur influence, l'air se remplit de timides gazouillements ; on dirait presque que l'oiseau, dans cette longue période de mutisme, a perdu la faculté de chanter et qu'il cherche en soi le souvenir des motifs qu'il modulait l'autre printemps. Peut-être aussi que les jeunes, qui voient cette époque pour la première fois, craintifs, se demandent s'ils n'ont plus rien à redouter des rigueurs de la mauvaise saison. Peu à peu l'on voit voltiger sur chaque arbre, dans chaque buisson fleuri, ces charmants musiciens, tandis que les papillons aux vives couleurs folâtrent joyeusement autour des fleurs, invitant les enfants à les poursuivre.

Se figure-t-on ce que serait la nature sans le chant des oiseaux?

Si le silence pesait toujours sur l'immense création, si les mouvements de la vie, les œuvres de la végétation s'accomplissaient sans tous ces bruits charmants, toutes ces rumeurs harmonieuses, ne serions-nous pas privés des plus douces sensations?

L'oiseau chante d'abord pour lui-même, par instinct de bonheur, dans l'ivresse de la lumière et de l'air qu'il respire, dans la joie que lui inspire la sérénité du printemps.

Mais bientôt l'amour viendra centupler la beauté de son ramage. Il cherchera une compagne, il éprouvera le besoin de l'associer à son existence, de se créer une famille.

La mélodie sera l'expression de ce nouveau sentiment.

Personne ne résiste aux charmes du chant de l'oiseau.

Le pauvre en écoute, muet et pensif, les accents qui semblent lui dire : — Espère !

Les heureux de la terre, dans leur enthousiasme, confessent que l'art musical n'est qu'une pâle imitation du don naturel accordé au rossignol et à la fauvette.

La nature, voulant nous rendre les oiseaux plus précieux encore, leur a donné, en outre, la mission de protéger nos récoltes contre les insectes, mission d'autant plus importante qu'il s'agit d'un ennemi redoutable.

Les insectes, en effet, sont abondamment répandus dans la nature, et, sous certaines influences favorables, ils se reproduisent dans des proportions tellement effrayantes qu'ils constituent souvent de véritables fléaux.

Dans ces armées d'invasion, marchant à la conquête de l'œuvre de l'homme, chaque légion a son mois, son jour, son arbre, sa plante. Chacune connaît son poste de bataille et aucun ne fait défaut.

Les forces de l'homme sont impuissantes contre ces myriades d'insectes, se jetant de tous les points de l'horizon sur les champs cultivés. Son œil n'est pas assez subtil pour les distinguer tous ; sa main est trop lente à frapper, et s'il les détruit par milliers, ils re-pullulent par milliards.

Or, en considérant l'insecte et les dommages qu'il occasionne, on peut dire, avec raison, que le plus petit des animaux est le plus grand ennemi de l'homme.

Entre l'insecte et l'homme le combat est inégal.

Qu'on ne sourie pas, car cette assertion, bien que paradoxale en apparence, n'est malheureusement que trop vraie. L'homme succomberait inévitablement dans la lutte si la Providence ne lui avait envoyé un auxiliaire aussi puissant que gracieux et sympathique.

L'oiseau est gracieux par sa forme, son plumage et ses mouvements, enchanteur par sa voix, puissant par son organisation.

Son œil est en effet conformé de telle sorte qu'il peut voir de près et de loin les plus petits objets. Il est en possession d'un bec et de griffes pour rechercher et saisir les insectes de toutes formes. Il est en outre muni d'ailes pour poursuivre les insectes ailés.

Eh bien!

> Le grand ennemi des pauvres oiseaux,
> C'est l'homme au cœur dur et froid comme marbre.

En effet, savez-vous comment il traite cet auxiliaire dévoué et infatigable? il le traite, non pas comme un destructeur d'insectes nuisibles, mais comme si lui, oiseau, était plus nuisible que ces derniers, c'est-à-dire qu'il le tue, le fusille ou le capture à l'aide d'engins tous plus barbares l'un que l'autre.

Or donc, on ne saurait trop répéter à toute heure et sur tous les tons: Chasseurs, vous détruisez trop! Vous vous croyez dans ces beaux temps de l'âge d'or, où les animaux croissaient et se multipliaient sans qu'il fût au pouvoir de l'homme d'en paralyser l'essor ; dans ces temps où les représentants de chaque espèce se comptaient par milliers, où la vie était partout, dans le chêne géant, dans le buisson touffu, dans les jonchées des marais et dans les champs.

Cherchez-les maintenant, ces beaux types du règne animal : la forêt est morte, le buisson est désert. L'on n'entend plus rien que le bruissement des feuilles et les gouttes de rosée qui tombent tristes comme des larmes.

Les marais et les champs conservent encore quelques-uns de leurs hôtes ; mais, poursuivis sans relâche, brutalement traqués et tués sans miséricorde, ils auront bientôt disparu.

Oui, dans quelques années, si vous continuez à agir comme des insensés, vous chercherez en vain ces charmants oiseaux qui vous font tant de bien.

Ainsi donc, respect aux petits oiseaux !

Fait historique à propos de Friquet.

On accuse ce frétillant petit oiseau d'être un granivore d'un appétit formidable et l'on semble ignorer qu'il est un vaillant allié de l'horticulture.

Le grand Frédéric, se promenant un jour sus les terrasses de *Sans-Souci*, entra dans une violente colère en apercevant une bande de moineaux qui dévalisaient effrontément ses magnifiques cerisiers.

Voulant mettre un terme à cette audacieuse rapine, il ordonna l'extermination de cette race maudite au moyen d'une prime de trois *pfennig* par tête de moineau.

Les Prussiens coururent aux armes, et leurs succès furent tels, qu'au bout de trois ans on ne vit plus la tête d'un pierrot dans tout le royaume du roi-jardinier.

Pour la première campagne, le trésor versa 10,000 *thaler* ; la deuxième coûta 100,000 *thaler* ; mais la troisième 10 *thaler* seulement.

Les désirs de Frédéric étaient accomplis et il se réjouissait en songeant qu'il pourrait désormais admirer et savourer ses belles et bonnes cerises, vierges de coups de bec.

Mais le monarque avait compté sans les chenilles qui dévorèrent non-seulement les fruits, mais encore les feuilles et les bourgeons.

Des plaintes et des gémissements s'élevèrent de toutes parts ; de sorte que le grand roi fut forcé de décréter une nouvelle loi, et cette fois ce ne furent plus les Prussiens qui allèrent combattre les armées de chenilles, mais bien les pauvres volatiles qu'on avait si durement traités.

Les moineaux furent donc ramenés en Prusse, moyennant une prime de six *pfennig* pour chaque couple.

Et, grâce à leur vertu prolifique, ces utiles conirostres se multiplièrent promptement et parvinrent à arrêter l'invasion des chenilles.

Le curé-docteur de Pamparigouste
Soigne ses clients sans qu'il leur en coûte
Le moindre denier pour médicaments,
Mais il fait payer.... les enterrements.

Lè fieufe don loup.

I n'y éveut eune vaye, dans l' bôs d' Frahcu i loup qu' e v'nin malaide d'aouo trap maingeu d'lè chà dans l'corchu don Pierre-Gai.

L'e étu consulteu i boin médecin.

— Boinjo, Monsieu l' médecin.

— Boinjo, Monsieu l' loup.

— De d'peus queuque tems, Monsieu l' cèrugien, je n' mo sens m' beun et j' voureu v' consulteu (en paiyant come de jusse).

— Monteur-me tè langue....

Lo loup monteur sè langue et lo mèdecin éprés l'aouo beun rouàtieu :

— Loup — li e-t-i dit — sés-t'çou qu't'és, t'és lè fieule de chùlant, et, se te n' prens me ouàde è te, te crev'rés.

— Qué ç'a qu'i faut fàre, Monsieur l' cérugien, po saouo qua j'en éra èssé?

— Loup, m'n aimin, i t'φ fautΐaxeu?

— Et è combeun, Monsieu l' cèrugien.

— E sept lives, pèr-jo.

Lo loup e r'mercieu l' mèdecin et po ses poinnes i li eu bailleu quouète sous moins i dobe. En rennalant en Fraheu l'e paisseu cheu i merchau et li e c'mandeu eune romainne po pesieu chaique jonàye lè ràtion d' chà qu'i d'veut meinjeu.

Qua lè romainne e ètu fàte, lo loup l'e ètu quouère et tos les jos i l'empleut è lè chaisse et i peseut sè chà come que l'ordonance don mèd'cien lo d'heut.

Ausseu d'vant hut jos ateut-i r'venin gràs et jayoux, et i n' regreteut-m' les quouète sous moins i dobe que l'éveut bailleu po sè consultàtion.

Eprès queuque tems ç'ateut lè fète de Saint-Jérôme qu'a eune grante jonàye de fouère è Bolà. Les loups come les Geptiens chunent les fouéres po zous aifàres et l'nate qu'ateut mou fin saiveut so m'ti miou qu' les Geptiens et con'cheut tortot les chèmins que les juifs et les merchants de ch'vaux prenint po aleu è Bolà ét les auberges où q'i s'airètint.

Mà vace que tot d'i côp i vouot dans i pré i tropé de bèrbis et de

ch'vaux que paiterint è zout àche, pendant que les bergis caîssint
eune crate dans l'auberge, su lè route. Mo loup envà, come eune
anloûte, su eune jement éva so polin que s'éveut i poû écarteu....
mâ, pè malheur, l'éveut roublieu sè romainne.

— Bot'au diâ**l**e — dit-i — j' peserans è poû près : Quouète
lives lè jement et treus lives lo polin, ç'lè fà beun mes sept lives !..

Vit'ment i les e trangneu ; ch'qu'és asses i les e rongeu et dans
lè nutâye l'e creveu.

<hr>

E lè moout, devant Dieu po ète pairdoneu,
Lo riche n'e por li que çou que l'e bailleu.

<hr>

Beau trait de galanterie historique.

Vive Henri IV,
Vive ce roi galant !

Bérengère, reine de Léon et femme d'Alphonse VIII, roi de Castille, s'étant renfermée dans Tolède en 1139, pour défendre cette
ville contre les Maures, parut sur les remparts et traita de lâches
les hommes qui venaient ainsi assiéger une femme, tandis que la
gloire les appelait sous les murs d'Oreja, dont le roi de Castille en
personne faisait le siége.

Les chevaliers maures, par un esprit de galanterie, qui donne
une idée des mœurs de ce temps, ordonnèrent la retraite, et l'armée défila devant la reine, en célébrant sa vertu et sa beauté.

Cet exemple prouve suffisamment que les Français, même dans
les beaux temps de la chevalerie, n'eurent pas le monopole de la
galanterie. De nos jours, ce noble sentiment s'est considérablement
avachi.

Que le lecteur en juge !

On lisait dernièrement dans un journal de la localité : — Comice
agricole de Thionville. Vente de bêtes bovines :

1° *Alice*, vache rouge, etc.

— Eh bien! Madame de.... qui portez ce joli nom, n'êtes-vous pas très-flattée de cette charmante homonymie?

— Certes — me répondrez-vous — si un jour la fleur de galanterie mourrait d'inanition, ce ne serait pas chez les éleveurs (mal élevés) qu'on en retrouverait la graine.

— On ne suit pas toujours ses aïeux ni son père :
Le peu de soin, le temps, tout fait qu'on dégénère.

C'estLafontaine qui l'a dit.

Le Médecin.

En soutenant sa thèse de docteur,
Un jeune élève en médecine
Niait net l'essence divine,
Prétendait qu'il ne fut jamais de Créateur,
Que nous n'avions point d'âme et n'étions que matière :
— Soit que nous vivions bien, soit que nous vivions mal,
Dès que la pâle mort souffle notre fanal,
Et qu'on nous jette froid dans le grand cimetière,
    Nous sommes comme est l'animal.
— Oh! s'il en est ainsi, il n'est pas nécessaire,
Lui répond aussitôt le docteur Gosselin,
    Qu'on vous reçoive médecin;
    Soyez plutôt vétérinaire.

Les quairante écus.

Jeson d'Hoboudange, qu'è po fome lè Gralèye, avot in bé poché dans son étaube.

— Comben que t'vieux de to poché Joson — li è d'mandé Francis lo touou.

— Et comben que t' m'en baille ?

— To poché m' piât, j' to l' vieux ben payi, je t'en baille qairante écus.

— Te vieux rire, mâte Francis, on t'en fournirai po quairante écu di lard enlè. D'main ç'a lindi, j'emmoinnerâ mon hôte è Metz et je l' vendrâ come je vourâ.

Jeson è emmoinnè so poché è Metz et i l'è vendu.

Quand l'è r'veni è lè mojon l'atot jayoux et content de s' merchi.

— Ah ben! — li dit lè gralèye — comben qu' t'en és évu ?

I m' faiyot souè lo Francis avo ses quairante écus ! venans que je to bicheusse mè chètte ! je l'a vendu nonante-cinq francs !

<div style="text-align:center">~~~~~~~~~~</div>

Dors, mon bel enfant !

Sur sa tige le lourd épi,
Tout doré, se courbe avec grâce ;
Et déjà se ferme à demi
La fleur langoureuse et fugace.

Alors, du beau ciel étoilé,
Zéphyr souriant arrive,
Berce la fleur, l'épi de blé,
Leur dit sa chanson fugitive.

Et comme la fleur, l'épi mûr,
Tu penches ta tête alourdie,
Et sur ton œil, perle d'azur,
Tombe ta paupière engourdie.

Alors des sons mystérieux,
Echos lointains d'un chœur d'archanges,
Bercent mon enfant radieux,
Qui s'endort en riant aux anges.

<div style="text-align:center">~~~~~~~~~~</div>

Le curé de Cucugnan.

Lou bon pastre fai lou bon avé.

Pour curé, Cucugnan avait l'abbé Martin,
Un homme du bon Dieu, bon comme le bon pain.
Son Cucugnan, bien sûr, aurait fait ses délices,
Si les Cucugnanais, moins froids pour les offices,
Ecoutant les avis de leur digne pasteur,
S'étaient montrés chrétiens, pleins de foi, pleins d'ardeur.
Mais souvent, bien souvent, il avait la tristesse
De ne voir près de lui, pour entendre sa messe,
Que le clerc qui servait, en bâillant au plafond,
Et sa vieille Mimi, dans un sommeil profond.
En son confessionnal, tout le long de l'année,
Filait paisiblement la tranquille araignée.
A Pâques, ce grand jour, ainsi qu'à la Toussaint,
L'hostie, hélas ! restait dans le ciboire saint.
Cet état d'impiété désolait le bon prêtre,
Qui, les yeux vers le ciel, disait souvent : — O Maître !
Donnez-moi le pouvoir d'enfermer mon troupeau
Avant d'être plongé dans la nuit du tombeau.
Faites, ô Dieu puissant ! que ma main paternelle
Le ravisse au loup noir, à la gueule cruelle. —
Or, vous verrez bientôt, lectrice, et vous lecteur,
Que Dieu ne fut point sourd aux plaintes du Pasteur.

2.

Un beau dimanche donc, comme à son ordinaire,
Le brave abbé Martin, installé dans sa chaire,
Dit : — Frères, je voulais ce jour vous avertir
D'une chose qui, sûr, vous aurait fait plaisir ;

Mais d'auditeurs trop peu vous êtes dans l'église
Pour parler d'un trésor, et surtout que je dise
Dans quel endroit il gît et tout ce qu'il contient.
D'ajouter un seul mot votre curé s'abstient.
Car, je ne vois ici que le fils de Nanette ;
Mon clerc, impatient de vider ma burette ;
Dodiche, le fumeur, ce bon et gros bedeau,
Qui n'arrive jamais qu'au moment du *credo* ;
La belle Margoton, qui prend son eau bénite,
En aiguisant son bec sur le dos de Guiguite ;
Le compère Auburtin, ce jovial buveur,
Faisant au cabaret son métier de sonneur.
Encor Fifi Bernard, le nez dans sa capote,
Qui, pendant mon sermon, dort comme une marmotte.
Ainsi donc, au revoir, et, dimanche prochain,
Dans le fameux trésor vous plongerez la main.

3.

Margoton, en sortant, à sa langue fidèle,
Répand dans Cucugnan l'étonnante nouvelle.
Le dimanche suivant, paysans et bourgeois,
A l'église, avant l'heure, arrivent à la fois.
On se pousse, on se bat, sur la place, à la porte,
Car chacun des deniers veut la part la plus forte.
L'évangile fini, le bon curé Martin,
Monte en chaire joyeux et dit d'un ton malin :
— Je connais un trésor, ici, dans la commune,
Qui peut, n'en doutez point, faire votre fortune.
Je vous y conduirai, Frères, en descendant,
Mais avant, s'il vous plaît, écoutez un instant.

Sachez que, l'autre nuit, moi, pécheur misérable,
Je me trouvai vivant, ô chose inexplicable !
Devant le portail d'or, brillant et merveilleux,
Du paradis, séjour des chrétiens vertueux.
Je frappe doucement, murmurant ma prière...
On m'ouvre et j'aperçois le bienheureux saint Pierre,
Qui me dit : — Eh ! c'est vous, mon vieil abbé Martin !
Quel bon vent vous conduit, chez moi, si grand matin ?
— Beau saint, vous qui tenez des âmes le registre,
Dire daigneriez-vous à votre humble ministre
Si, dans le paradis, le nombre est bien épais
Des gens de mon pays, des bons Cucugnanais ?
— De vous servir, Martin, je suis, ma foi, bien aise ;
Nous allons voir cela..... mais prenez une chaise. —
Le saint met sur son nez ses besicles d'argent,
Puis saisit son grand livre et l'ouvre largement.
— C'est cu, cu, Cucugnan ? bien, en voici la page.
Ouais ! blanche entièrement ! pas un seul personnage !
Pas plus que sur ma main ! — Comment, personne ici !
De grâce, cherchez mieux !.... tirez-moi de souci.
— Personne ! je vous dis, la chose est bien patente ;
Regardez par vos yeux, voyez si je plaisante.
— Grand Dieu ! de Cucugnan pas un seul habitant ?
Dis-je en joignant les mains, moi pauvre, en sanglottant.
— Pourquoi tant de chagrin ? point n'est à vous la faute
Si de tout Cucugnan je n'ai pas un seul hôte ;
Vos bons Cucugnanais sont sans dévotion,
Et suis persuadé que, par punition,
Au purgatoire ils font.... petite quarantaine.

Ils sont là, c'est certain, ne soyez plus en peine.
— Par charité, grand saint, donnez-moi le pouvoir
D'arriver auprès d'eux ; que je puisse les voir
Et les consoler tous comme le doit un père. —
— Volontiers, mon ami ; je vais vous satisfaire.
Les chemins sont mauvais, chaussez ces bons souliers,
Ensuite cheminez vers ces grands escaliers.
Là-bas, là-bas, bien loin, vous verrez une porte
D'argent, avec des croix ; alors, faites en sorte
Qu'en tapant dur et fort on vienne vous ouvrir.
Sur ce, de moi, Martin, gardez bon souvenir.

4.

Quel chemin ! quel chemin ! j'en conserve une ampoule,
Et, rien que d'y songer, j'en ai la chair de poule !
Le sol était couvert, en guise de cailloux,
De serpents venimeux, de tessons et de clous !
Tout sanglant, déchiré par la ronce et l'épine,
J'arrive cependant à la porte argentine.
— Pan ! pan ! — qui frappe ainsi ? — fait une douce voix.
— Par pitié ! vite, ouvrez ! c'est un prêtre aux abois !
— Ah ! entrez ! — j'entre alors ; un ange magnifique,
A l'aile longue et noire, à la blanche tunique,
Jetant autour de lui, comme un enfant des cieux,
Des rayons dont l'éclat me faisait mal aux yeux,
Ecrivait crac, crac, crac, d'une belle manière,
Dans un livre plus grand que celui de saint Pierre.
— Que venez-vous chercher ? — me dit-il — en ces lieux ?
— Bel ange, pardonnez si je suis curieux,
Mais je voudrais savoir, pour calmer mon angoisse,

Si vous avez céans des gens de ma paroisse,
Des gens de Cucugnan, dont je suis le pasteur. —
— Eh ! c'est l'abbé Martin ! — Pour vous servir, Monsieur !

5.

— Vous dites Cucugnan ? — — vite son doigt il mouille
Avec de la salive, et dans son livre il fouille.
— Cucugnan, m'y voici !.... rien !.... absolument rien !
Non, Monsieur Martin, non, pas un paroissien. —
— Jésus ! grand saint Joseph ! belle Vierge Marie !
Mais où sont-ils alors ? dites, je vous en prie. —
Saint homme du bon Dieu, pourquoi tant de soucis ?
Puisque je n'en ai point, — ils sont en paradis. —
— J'en viens du paradis, malgré cette nuit sombre ! —
— Eh bien ! ils n'y sont pas ?... — Rien, pas l'ombre d'une ombre !
— Oh ! mais alors ils sont... pauvre Monsieur Martin !
— Ils sont ?.... hélas ! hélas !... j'en mourrai de chagrin ! —
— Voyez-vous, cher curé, il faut, coûte que coûte,
Aller voir par vous-même et sortir de ce doute.
Pour ce faire, en courant, tâchez, Monsieur Martin,
Si vous pouvez courir, d'enfiler ce chemin ;
Au bout vous trouverez, dans un lieu triste et morne,
En tournant vers la gauche, une ouverture énorme ;
Vade ! Monsieur Martin, que Dieu vous garde en paix.
Là vous saurez le sort de vos Cucugnanais.

6.

J'entrai dans un sentier, couvert de braise ardente.
Mes jambes flageolaient d'horreur et d'épouvante !
J'avais froid, j'avais chaud, j'aurais bu du marais,
Tant la soif me brûlait la langue et le palais.

Mais, bah! grâce à saint Pierre, à sa bonne chaussure,
J'arrive en clopinant, sans aucune brûlure,
Devant un gouffre affreux, noir!... bien plus noir qu'un four!
Mes enfants! mes enfants! quel terrible séjour!...
Ni porte, ni portier; l'on entre en avalanche,
Tout comme au cabaret vous entrez le dimanche.
La tête me tournait et j'avais mal au cœur,
De sentir du graillon la suffocante odeur.
On aurait cru qu'Eloi, l'homme de Marianne,
Brûlait dans Cucugnan la corne d'un vieil âne.
L'air épais était plein de pleurs, de grincements,
De cris de désespoir et d'affreux jurements.
Je m'approche.... un démon à la tête cornue,
Me menaçant déjà de sa fourche pointue,
Me dit: — Entreras-tu pour tâter de mon feu?....
— Je n'entre pas ici, je suis ami de Dieu!
— Ami de Dieu, dis-tu? Que ce nom-là m'embête!
Alors pourquoi viens-tu? parle, b.... de bête!
— Ne me demandez rien! je suis las à tomber,
Car je viens de fort loin, humblement m'informer
Si, chez vous, par hasard, quelqu'un de mon village,
De Cucugnan quelqu'un, n'aurait fait le voyage?
— Oh! sacré fils de Dieu! ne fait pas l'idiot!
Ne feins pas d'ignorer, vieux cuistre, vieux cagot,
Que l'enfer est rempli de toute ta racaille;
Regarde! et tu vas voir comme je la travaille!

7.

— Frères, je vis alors, au beau milieu d'un feu
Enorme et flamboyant, le long maître Mathieu,

Qui trente fois par mois se mettait en ribotte,
Puis astiquait le dos à sa chère Lolotte.
Je vis Mina Toupet aux petits yeux malins ;
Vous vous en souvenez, mes jeunes libertins ?
Je vis le borgne Jean, qui faisait l'eau-de-vie
En plumant les pruniers de la grande Marie.
Je vis Bibi gros cou, qui sans pudeur vendait
L'eau claire de son puits pour de gras et bon lait.
Je vis aussi Babet la vieille rapineuse,
Qui glanait nuit et jour et point n'était honteuse,
Quand le garde Michel était à la maison,
De pêcher dans les tas, avec son grand garçon.
Et compère Jacquin, amateur de guinguette,
Qui graissait si souvent l'essieu de sa charrette.
Puis ce bossu maudit, avec son laid museau,
Qui coupait mon chemin, en gardant son chapeau,
Quand il me rencontrait, portant le viatique.
Je vis aussi Toinon, et Jeanjean, et la Bique.

8.

A ce récit frappant, plein d'effroi, plein d'horreur,
L'auditoire sentit une immense douleur.
Car chacun croyait voir dans l'enfer redoutable
Un parent, un ami, tourmenté par le diable.
— Frères, vous comprenez que ce fâcheux état
Doit finir aujourd'hui. Par mon divin mandat,
Je dois vous retirer des bords du précipice
Où, le démon aidant, tout Cucugnanais glisse.
Pas plus tard que demain j'entreprends ce labeur.
L'ouvrage sera dur !... mais vive est mon ardeur.

Pour que tout aille bien, évitons le désordre ;
Marchons l'un après l'autre, en silence, en bon ordre,
Comme, à Joncquière, on danse à la fête de Mai.
Ainsi demain, lundi, je vous confesserai,
Mes vieilles et mes vieux ; la besogne est petite.
Mardi pour les enfants ; cela marchera vite.
Les filles, les garçons viendront le mercredi ;
Ce sera long ! bien long !... les hommes le jeudi ;
Nous couperons au court. Le vendredi, les femmes ;
Je leur dirai : pour Dieu ! pas de longueurs, Mesdames.
Samedi, le meunier fera tous ses aveux....
Et dimanche prochain nous serons tous heureux.
Le blé, lorsqu'il est mûr, vous savez qu'on le coupe ;
On doit boire son vin quand il est dans la coupe.
De linge sale, amis, nous avons un monceau ;
Faisons-en la lessive et lavons à grande eau.
Ce jour sera pour nous une bien belle fête !
Et voilà le trésor qu'à vous tous je souhaite.

9.

Ce qui fut dit fut fait et, depuis ce grand jour,
Cucugnan le dévot répand tout à l'entour
Un céleste parfum de vertu catholique.
Le bon Monsieur Martin, ce prêtre apostolique,
Heureux, trois fois heureux, a rêvé l'autre nuit
Qu'il montait vers le ciel, par un ange conduit.
Derrière lui marchaient ses brebis bien-aimées,
Au milieu de l'éclat des torches enflammées.
L'encens embaumait l'air de sa suave odeur
Et Cucugnan chantait le *Te Deum* en chœur.

Charade.

De mon premier l'homme est avide ;
En a-t-il, il en veut encor.
Mon dernier chanté par Ovide,
Dans les temps anciens était d'or.
Mon tout sur la terre et sur l'onde
Des plus braves est redouté,
Et, parfois, à beaucoup de monde,
Fait rechercher l'obscurité.

Les Rosas.

Eune vaye i vieux curé d'Airainco e bailleu i r'pais. L'éveut inviteu des autes prétes de ses aimins et Mâte Chtanfou, i vieux pachou que li éveut aip'teu, des béles gràvisses. Lo vieux curé aimeut tot pien d'gouâilleu. Qua an-z-ont évu bien bu et bien mainjeu, lè Bibi e aipteu su lè tauye eune boteille cach'tâye que promateut âque de boin. Ç'ateut d'l'auou de l'étang. Lo préte lè d'bouche tot bélement et en vache i traivé d'deuit dans l'ouére de Mâte Chtanfou ! — Chàyeuz-m'çolè ! — Mâte Chtanfou l'chàye. — Eh bien ! coment l'treveuz-v' ?

— Ah ! Monsieu l'curé, i n'faureut m'trap s'y aimusieu, ca i v'fereut poussieu su lè bodatte des rosas groùs come lo brais

La Cigale et la Fourmi.

La cigale, un hiver, demanda d'emprunter
Quelques grains de froment à fourmi, son amie.
— Que faisais-tu l'été ? — Rien que rire et chanter. —
— Tu chantais ? maintenant tu peux danser, ma mie. —
Dans un ruisseau voisin, fourmi tombe. — Eh ! holà !
Cigale, par pitié, viens à ma délivrance ! —
— Je devrais, à mon tour, te conseiller la danse,
Mais j'aime mieux t'aider à te tirer de là. —

Énigme.

Je suis un végétal à la feuille odorante ;
Venant du minerai, ma voix est éclatante ;
Enfin, comme animal, reputé venimeux,
Je suis, pour ce qui vit, un être dangereux.

Lecteur.

J'ai pris maint sujet de mon livre
Dans la langue des bords du Tibre ;
La Tamise à l'épais brouillard
M'en a fourni sa bonne part ;
Le Douro, l'Aude, la Durance,
M'en réservaient en abondance,
Mais j'ai fait un maigre butin
Dans le parler des gens du Rhin.
Ainsi fait, s'il a su te plaire,
Je te promets, ami Lorrain,
De t'envoyer son petit frère,
Pour te divertir l'an prochain.

Strasbourg, typ. G. Fischbach. — 1862.

www.ingramcontent.com/pod-product-compliance
Lightning Source LLC
LaVergne TN
LVHW021133200726
843510LV00001B/84